JN025819

今日からはじめる

おさいほうのキホン

越膳夕香

成美堂出版

Contents

作ってみたい暮らしの小物 Index

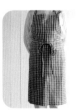

道具と材料

道具のキホン

型紙作り・印つけ

方眼定規 →P.10
寸法を測ったり、線を引いたりするときに使う。30〜50cmの長さが使いやすい。

メジャー
立体の採寸やカーブの線を測るときに使う。1.5mくらい測れるものが一般的。

ウエイト
型紙を写したり裁断したりするとき、布や型紙を動かないようにするための重し。

チャコペンシル
型紙の線や印を布に描くときに使う。細い線にはシャープペンシルタイプ（左）、洗える生地には水で消えるタイプ（右）が便利。

へら
裏から表に印を写したり、折り線をつけたりするときに使う。

糸や布を切る・裁つ

糸切りばさみ →P.11
糸を切るときに使う小さなはさみ。切れ味と握りやすさで選ぶ。

裁ちばさみ →P.11
布切り専用のはさみ。24〜26cmくらいの長さのものがおすすめ。

ロータリーカッター →P.11 &
カッティングマット
ロータリーカッターは、円盤状の刃を回転させながら布を切る道具で、刃のサイズはいろいろある。必ずカッティングマットを敷いて作業する。

布を仮どめする

まち針 →P.38
布の仮どめに使う。さびにくいステンレス製で、アイロンOKな耐熱タイプがよい。

クリップ →P.39
まち針でとめにくい布の仮どめに使う。

**アイロン
接着テープ** →P.39
接着剤でできたテープで、アイロンの熱で溶かし、布どうしを接着させて仮どめする。

しつけ糸 →P.39
本縫いの前に仮縫いする（しつけをかける）ときに使う撚りの甘い糸。

縫う

手縫い

手縫い針 →P.8
メリケン針と和針があるが、はじめて揃えるなら、まず普通地用のメリケン針を。

手縫い糸 →P.8
ポリエステル糸、綿糸、絹糸があるが、万能なのはポリエステル糸。

指ぬき →P.86
手縫いのとき、指にはめて針を押すために使う。指に負担をかけずに縫うことができる。

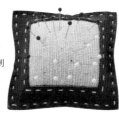

ピンクッション
縫い針やまち針を刺しておくもの。

ミシン縫い

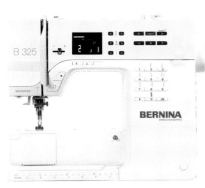

ミシン糸 →P.9
強度があって縫いやすいポリエステル糸（スパン糸）がおすすめ。

ミシン →P.12
多様な種類があるので、作りたいものに合わせて選ぶ。店頭で試し縫いをするとよい。写真は小型のBERNINA325／ベルニナ。

ミシン針 →P.9
ミシンにつけて使う針。生地の厚さ、糸の太さに合わせて針の太さも変える。

おさいほうでよく使う道具

目打ち
印をつける、縫い目をほどく、角を出すなど、細かい作業に必須。先の尖ったタイプを選んで。

霧ふき
細かい霧が出るタイプがおすすめ。スチームアイロンではのばしきれないしわや地直しのときに。

アイロン →P.13 **＆アイロン台**
アイロンは全工程で欠かせない道具。スチームとドライの切り替えができるものを。アイロン台はスタンドタイプが便利だが、小物には卓上用のミニサイズでも。

あると便利

テープメーカー →P.61
バイアステープを手作りするための道具。

ピンセット
ミシン縫いのときに細かく布を送ったり、角をきれいに出したりするときに役立つ。

ひも通し
ひもやゴムを通すときに使う。長くて柔軟性があるタイプは長い距離も通しやすい。

ループ返し
ひもやループを作るとき、中表に合わせて縫った細長い筒状の布を表に返すのに使う。

糸と針のキホン

手縫い

手縫い針

初心者には
メリケン針

手縫い針には洋裁用のメリケン針、和裁用の和針があります。はじめて揃えるなら、普通地用のメリケン針がいいでしょう。まつり縫いには短い針、直線縫いには長い針が適しています。4番から9番まであり、数字が大きくなるほど針は細くなります。

針の穴
丸い穴のほうが和針です。

メリケン針と和針の違い

ミシン縫いの補助的な使い方が多かった西洋のメリケン針と比べ、和針は織り目が密な着物用の布を縫うため、針先が細く鋭くなっていて、運針しやすい形状をしています。

手縫い糸

ミシンを使わずに手縫いするときに使う糸。材質は木綿、絹、ポリエステルなどさまざまです。糸の太さは「番手」で表し、数字が大きくなるほど細くなります。薄い布には細い糸、厚い布には太めの糸を選びましょう。万能なのは、強度があって縫いやすいポリエステル糸。

定番

木綿糸
「細口」と呼ばれる30番手の糸は縫いものなどに、「太口」と呼ばれる20番手の糸はボタンつけなどに向いている。

その他の手縫い用の糸

キルト糸
三層を一緒に縫うキルティングのために、摩擦に強いのり引き加工や樹脂加工を施した糸。形の似たミシン糸と間違えないように注意。

刺し子糸
綿100%の刺し子専用糸。甘撚りの木綿糸を何本か合わせたもので、基本的には撚ってある糸をそのまま使う。

刺繍糸
刺繍に用いる色糸。糸の太さは何種類かあり、一般的なのは6本の細糸を撚って束にした「25番刺繍糸」。

革を縫うときは、ろうびき糸

布より固い革を縫うときは、ろうを表面に引いた（ろうびきした）麻糸を使います。ろうびき糸は摩擦に強く、耐久性が高いのが特徴です。市販品もありますが、小物に少しだけ使う場合は、手持ちの麻糸や太めの木綿糸をろうびきしても。ボタンつけにもおすすめ。

麻糸
やや太めのしっかりした麻糸がおすすめ。写真は20番手のツレデ糸。

ろう
糸に塗るための蜜ろうやスレッドワックスなどが市販されている。

≫ **塗り方**
糸にろうを重ね、指で押さえて糸を引く。摩擦による火傷に注意。

ミシン縫い

針はミシンの種類（家庭用、工業用など）によって違うので、自分のミシンに合わせたものを選びましょう。よく使われるのは9番、11番、14番、16番で、数字が大きくなるほど太くなります。ミシン針は消耗品です。先端が摩耗してトラブルが起きやすくなる前に交換を。

＊ニット地など伸縮性のある布には、ニット用の糸と針を使う。

ミシン針

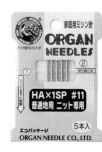

針の頭
家庭用は針の軸部分がD形、工業用は丸形になっている。

ミシン糸

通常使うなら色数豊富で丈夫なポリエステル糸（スパン糸）がおすすめ。糸の太さは「番手」で表し、よく使うのは30番、60番、90番。数字が大きくなるほど細くなり、細い糸ほど薄い布向きになります。糸を巻いている芯を「糸こま」と呼びます。

糸の色
（色番号の場合もあります）

糸の番手
（写真は60番）

ラベル
購入するときは糸こまの上下に貼られたラベルをチェック。

布の厚さに合わせて針と糸を選びましょう

布の厚さ	薄手の布	普通地	厚手の布
ミシン針	9番	9、11番	14、16番
ミシン糸	ポリエステル糸 90番	ポリエステル糸 60番	ポリエステル糸 60〜30番
布	綿ローンやガーゼなど	シーチングやブロードなど	デニムや帆布など

＊使用する針と糸は目安です。きれいな縫い上がりにするためには、布、針、糸の3つのバランスが重要です。縫う前に実際に使用する布で試し縫いをして、適合する針と糸を選びましょう。

知っておきたい

ミシン糸の色の選び方

布地の色に合わせて糸色をチョイス！

糸の色は布地に合わせて選びます。同じ色がないときは、同系色の少し濃い色を。柄のある布の場合は、もっとも分量が多い色に合わせると無難です。糸を買いに行くときは、はぎれを持参して合わせてみると安心です。

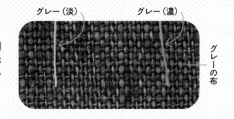

グレー（淡）　グレー（濃）

グレーの布

定規のキホン

便利なのは方眼定規

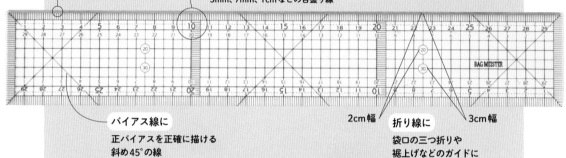

ステンレスのエッジつきだと
カッターを使うときも安心

縫い代線に
縫い代線を引きやすい
5mm、7mm、1cmなどの目盛り線

バイアス線に
正バイアスを正確に描ける
斜め45°の線

2cm幅

折り線に
袋口の三つ折りや
裾上げなどのガイドに

3cm幅

距離を測ったり、型紙を作ったりするときに必須なのが方眼定規。小物作りに便利なのは長さ30〜50cmのものです。透明なので下に敷いた布や紙の線と重ねることができ、平行線や垂直線を簡単に描くことができます。カッティングエッジのついたものがおすすめ。

定規アラカルト

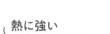

小回りが利く
20cm定規

20cm前後の定規は軽くて小回りが利くので、小さい部分の採寸に便利です。

熱に強い
アイロン定規

アイロンの熱でも溶けない素材の方眼定規。布を折るとき、目盛りに合わせて折った布に定規をはさんだままアイロンをかけられる優れもの。

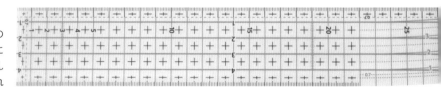

カーブに便利
袖丸み形

本来は着物の袖の丸みを作るための和裁用の道具ですが、小物作りでもいろいろな種類のカーブを描くときに役立ちます。

厚紙で作る
オリジナル定規＆型紙

自分がよく使う幅のアイロン定規や円形、正方形の型紙を厚紙で作っておくと、とても便利です。

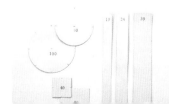

はさみのキホン

はさみのバリエーション

一般的な布用
裁ちばさみ

布の裁断専用のはさみ。24〜26cmくらいの長さがおすすめですが、自分の手に合うものを選びましょう。軽くて錆びないステンレス製が手軽です。

布も紙も切れる
クラフトはさみ

クラフトはさみの中には紙も布も切ることができるタイプがあります。洋服作りと違って、接着芯を貼った布を裁つことも多い小物作りに役立ちます。

小さな布のカットに
パッチワーク用はさみ

鋭利で薄い刃なので、キルトやパッチワーク、アップリケなど細かい作業に適したはさみ。手芸全般に使えます。

糸用の定番
U字型の糸切りばさみ

伝統的な形状の握りばさみ。U字型の本体を握って刃先を重ね、糸を切ります。和ばさみとも呼ばれます。

細かな作業用
糸切りばさみ

一般的な持ち手のあるはさみのミニサイズ。U字型の糸切りばさみが握りづらい人はこちらもおすすめ。

知っておきたい
紙用はさみとの違いは？

布用の裁ちばさみは、紙用に比べて刃が薄く鋭く作られています。そのため、硬い繊維質を固めた紙を切ってしまうと刃こぼれして切れ味が落ちてしまうのです。特に鉄の裁ちばさみはデリケートです。また布用の裁ちばさみは、「への字」の形状になっていて、机と布の間にあまり隙間を作らず切れるようになっています。

紙用　布用

ほかにもあります
切る道具

型紙作りの必需品
カッターナイフ

正確に細かいカットができるので型紙作りには欠かせません。使いやすいのは細いタイプ。

布を正確に裁つ
ロータリーカッター

裁ち目がほつれにくく、どんな布でも正確に裁断できます。何枚か重ねて裁つのも得意。

ミシンの縫い目を切る
リッパー

ミシンの縫い目をほどくとき、糸を切るのに便利。ボタンホールなどの穴を開けるときにも。

ミシン選びのキホン

家庭用ミシン

初心者におすすめ
電子ミシン

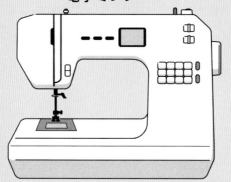

操作が簡単でコンパクトなのが魅力。糸調子などは人が合わせますが、縫う速度はコンピュータが調整します。低速でもパワフルに動くため、デニムなどの厚手の布もしっかり縫うことができます。

機能がシンプル
電動ミシン

電動モーターで動くミシン。縫う速度とパワーが比例するので、高速になるほどパワフルに。反対に低速では力が出ないので、厚めの布は苦手。

刺繍やキルトも楽しめる
コンピュータミシン

電子ミシンの機能性能に加え、針の動きから縫い目の調子、縫う速度までコンピュータが自動で調整して縫うミシン。パワーもあるので、本格的な洋裁を楽しみたい人向け。

ロックミシン

縁かがりに特化したミシン。既製品のような本格的な布端の処理ができます。伸縮性のある縫い目になるため、ニット地の縫製にも向いています。

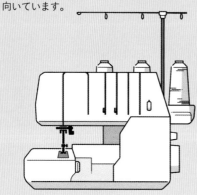

職業用ミシン

直線縫い専門のミシン。縫い目が美しく、家庭用ミシンの倍以上のパワーとスピードがあります。縫製を仕事にしている人や専門的に学んでいる人向け。

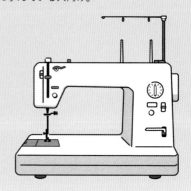

あると便利！ フットコントローラー

スタート、ストップ、速度調整をすべて足で行えるのがフットコントローラー。これがあると、布の扱いとミシンの操作を両手ですることができます。フットコントローラーがついていない機種はオプションの確認を。

アイロン選びのキホン

スチーム＆ドライタイプが万能！

アイロンはおさいほうの全行程で使用する必須アイテム。
万能なのはスチームとドライの切り替えができるタイプです。

／ 大事なアイテム ＼

選ぶポイント

- ✓ スチーム＆ドライが両方使えるもの
- ✓ スチーム量が多いもの
- ✓ 温度調節の幅が広いもの
- ✓ 適度な重さがあるもの

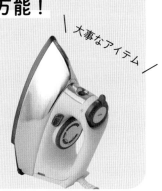

おさいほうならではのアイロンの使い方

温度設定の目安

麻や綿	**高温**（180〜210℃）
毛や絹	**中温**（140〜160℃）
化学繊維	**低温**（80〜120℃）

スチームとドライの使い分け方

スチーム	布の地直し（→P.30）や縫い代の折り返し、仕上げに
霧吹き→ドライ	スチームではしわが取れにくい布に
ドライ	接着芯を貼るときや水に弱い素材に

アイロンのコツ

当て布を用意

当て布は布の上に重ねて、アイロンが布に直接当たらないようにするもの。縫い代の厚みの跡が表面についたりするのを防ぎます。専用布もありますが、色落ちしない手ぬぐいなどでも代用可。

布のしわはこまめに消す

綿、麻などはスチームアイロンを使ってもOKな素材。麻などのとれにくいしわは、霧ふきで湿らせてから高温のアイロンでのばせば、地の目も整い、仕上がりもきれいに。

小物用のアイロン台を作ってみましょう

バッグやポーチなどの角や丸みをきれいに整えたり、
小物の仕上げに手軽に使えるコンパクトなアイロン台を手近な材料で作っておくと重宝します。

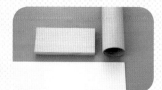

1 芯にする材料（熱に強く、強度があるかまぼこ板や紙筒、ボール紙など）を用意する。

2 接着タイプのドミット芯（→P.20）を芯に巻きつけてアイロンで接着し、色落ちしない布で包んでとめる。

／ 完成 ＼

布のキホン

大きく分けて布地には布帛とニット地があります

布帛はたて糸とよこ糸で織られた布地で、あまり伸縮性がなく、おさいほうでもよく使われる一般的な布地です。一方、ニット地は1本の糸をループ状に編んだ布地で、伸縮性があり、Tシャツなどに使われます。

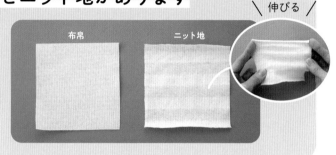

布帛　　ニット地

＼伸びる／

布地の名称と布幅

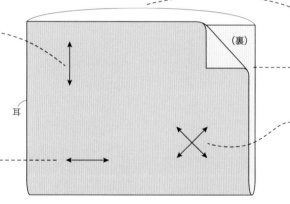

たて地（布目方向）
布のたて糸の方向のこと。裁ち方図の↕（布目線）を、この方向に合わせる。

耳

よこ地
布のよこ糸の方向。たて地に比べて伸びやすい。

（裏）

布幅
布地の横幅のこと。耳から耳までの距離をいう。

耳
布の両端のほつれない部分のこと。

バイアス
布目に対して斜めの方向で伸縮性がある。斜め45°を正バイアスといい、細く裁てばバイアステープに（→P.60）。

耳

布幅

耳

	布幅	布地例
シングル幅	90〜92cm	ブロードやシーチングなど
普通幅	110〜120cm	綿や麻、一般的は服地など
ダブル幅	140cm以上	ウールやインテリア用の布地など

知っておきたい

布の表・裏を見分ける手がかり

無地の布などで表裏の見分けがつかない場合は、好きな面を表にしてOK。ただし、一つの作品の中で表と裏が混在しないように、どちらを裏にするか決めたら裁断したすべてのパーツや余り布にチャコペンシルなどで印をつけておきましょう。

＼耳に文字が書いてある／

表

耳にメーカー名や素材名などの文字が入っている場合は、読めるほうが表。

＼織り目の方向がある／

表

綾織りの布に表れる織り模様は、ノの字に見える「右綾」と逆ノの字の「左綾」があり、その畝がはっきり見えるほうが表。

Chapter 1 布選びのキホン

綿　糸の太さや織り方、加工の仕方によってバリエーションが豊富。

\ 手軽に使える / ＼ 厚くて丈夫 ／

シーチング
適度に薄手で縫いやすく、織りがやや粗めの平織りの布。色数豊富で安価。エコバッグなどにどんどん使いたい。

ブロード
高密度な平織りの布で、たて糸の密度がよこ糸よりも高いため、表面に横畝がある。シャツの素材としてよく使われる。

ローン
細い撚り糸を密に織った平織りの布。透けて見えるほど薄く、しなやかで張りとつやがある。

帆布
平織りの丈夫な布。厚さは数字が小さいほど厚くなる。1枚仕立てのバッグなどにぴったり。

デニム
厚みのある綾織りの布。「オンス」という重さの単位を使い、数が大きくなるほど重くて厚くなる。

ダンガリー
たて糸に白糸を使って綾織りまたは平織りした布。デニムよりやわらかく、カジュアルな洋服に人気。

ツイル
綾織りの綿布。ツイルは表面に斜めの畝が入っている布の総称で、厚みがあり丈夫な布。デニムもその一種。

オックス
たて糸とよこ糸を2本以上引き揃えて平織りした布。ほどよい厚みがあり、肌触りもよく扱いやすい。

ダブルガーゼ
ガーゼを2枚重ねて仕立てた布。肌触りがよく、吸水性も高いので、ベビー用の小物や服、マスクなどに使われる。

リップル
部分的に強く縮ませる加工を施して、凹凸を作った布。涼感があるので夏向きの洋服などに。

インド綿プリント
インドで栽培されている綿花を使用した布。木版プリントの素朴な柄が特徴。濃色のものは色落ちに注意。

手ぬぐい
木綿のさらし生地を染めた、日本の伝統的な平織りの布。和服用の反物幅なので、33〜39cm幅が一般的。

用語をcheck

平織り…たて糸とよこ糸を交互に交差させる織り方。
綾織り…糸の交差によって現れる畝が斜めに見える織り方。

綿

ネル
表面を起毛させた平織り布。やわらかく、保温性も高い。素材はコットン（綿）だけでなく、ウールもある。

コーデュロイ
起毛した畝が縦に並んだ布。畝の太さによって、太コール、細コールなどがある。保温性抜群の秋冬用素材。

コットンレース
薄手の綿地に透かし模様の刺繍を施した布。凹凸があるのでミシンで縫う場合は新しい針で。

キルティング
表布と裏布の間にシート状のわたを挟んで縫い合わせた生地。保温性、クッション性が高い。

麻 原料の植物の種類で風合いが変わります

ジュート
黄麻（こうま）と呼ばれる植物から作られた布。繊維質が強く、コーヒー豆などを入れる麻袋に使われている。カーペットやラグ、バッグなどに。

ヘンプ
アサ科の一年草「ヘンプ」を用いた布。吸水性、発散性に富む。リネンより繊維がやや太くて型崩れがしにくいため、帽子やバッグ向き。

ラミー
苧麻（ちょま）と呼ばれる植物から作られた布。リネンより張りがあり、上品な光沢があるのが特徴。シーツなどの寝具や夏の洋服に用いる。

リネン
亜麻（あま）やフラックスと呼ばれる植物から作られた布。適度なシャリ感があり、吸水性、発散性も◎。用途は小物から洋服まで幅広い。

（織りのはなし）

家庭用ミシンで無理なく縫えるのは8〜11号

帆布の厚さは織り糸の太さによって変わり、号数で表されます。家庭用ミシンで無理なく縫えるのは8〜11号。ちなみにキャンバスは帆布の英語名で、手芸店で取り扱うのは11号より薄手が多いため、こちらも家庭用ミシンでOKです。

8号帆布　　**11号帆布**

デニム、ダンガリー、シャンブレーの違いは？

布は、たて糸とよこ糸を織って作られています。たてとよこに使う糸の色と織り方の違いが、3種類の布の特徴になっています。

デニム
たて糸が色糸、よこ糸が白糸の綾織り（糸の交差によって現れる畝が斜めに見える織り方）の布。

ダンガリー
たて糸が白糸、よこ糸が色糸の、綾織りまたは平織り（たて糸とよこ糸を交互に交差させる織り方）の布。

シャンブレー
たて糸とよこ糸を違う色の糸で平織りした布。角度によって玉虫色のように見える。よこ糸が白系の場合も。

その他

綿麻プリント

麻と綿を混紡した布。それぞれのよさが生かされ、麻100%よりも扱いやすい点が多く、初心者にもおすすめ。

ウール

太めの羊毛糸で粗く織られた厚手の布。保温性に優れ、素朴な風合いがある。色柄豊富な秋冬の素材。

フェイクファー

天然の毛皮に似せた布の総称で、毛足の長さや表情の種類が豊富。素材はアクリルやポリエステルが多い。

ソーイング用の シリコン剤で 縫いやすく！

つやありタイプのラミネートやビニールのシートをミシンで縫うときは、押さえ金の滑りが悪くなるので、縫う場所に専用のシリコン剤を塗ると作業がスムーズに。

ナイロン

石油を原料とする合成繊維。軽くて薄く、耐久性があるが、熱に弱い。エコバッグなどの素材によく使われる。

ラミネート

綿や麻の布にラミネート加工（ビニールコーティング）したもの。つやありとつやなしがある。アイロンは不可。

ビニール

ポリ塩化ビニル（PVC）を素材にしたシート。ミシン縫いしやすい厚さの目安は3mm。アイロンは不可。

合成皮革

樹脂層をコーティングして天然皮革風に仕上げた生地。樹脂は高温で溶けるため、アイロンは不可。

染めのはなし

先染、後染、リバーシブルの違いは？

布地の表記でよく見かける先染、後染、リバーシブルの文字。これは、布の染め方やプリント方法の違いを示しています。

先染

染めた糸を布地の柄に合わせて織った布。表裏ともに同じ柄になり、見分けにくいこともある。

後染

織り上がった布に柄をプリントした布。表裏の違いがはっきりしている場合が多い。

リバーシブル

布の両面に違う柄をプリントしたもの。2種類の生地を貼り合わせたものは「ダブルフェイス」という。

綿生地の分布図

シーチングを基準に、いろいろな綿素材の生地を比較したものです。
購入時の目安にしてください。

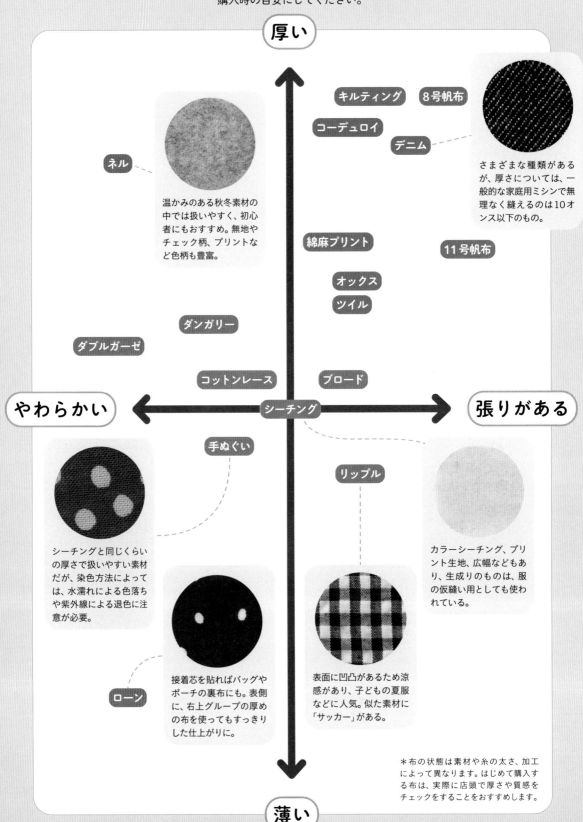

厚い

キルティング　8号帆布

コーデュロイ

デニム

ネル

さまざまな種類があるが、厚さについては、一般的な家庭用ミシンで無理なく縫えるのは10オンス以下のもの。

温かみのある秋冬素材の中では扱いやすく、初心者にもおすすめ。無地やチェック柄、プリントなど色柄も豊富。

綿麻プリント　　　11号帆布

オックス

ツイル

ダンガリー

ダブルガーゼ

コットンレース　　ブロード

やわらかい　　シーチング　　**張りがある**

手ぬぐい

リップル

シーチングと同じくらいの厚さで扱いやすい素材だが、染色方法によっては、水濡れによる色落ちや紫外線による退色に注意が必要。

カラーシーチング、プリント生地、広幅などもあり、生成りのものは、服の仮縫い用としても使われている。

接着芯を貼ればバッグやポーチの裏布にも。表側に、右上グループの厚めの布を使ってもすっきりした仕上がりに。

表面に凹凸があるため涼感があり、子どもの夏服などに人気。似た素材に「サッカー」がある。

ローン

＊布の状態は素材や糸の太さ、加工によって異なります。はじめて購入する布は、実際に店頭で厚さや質感をチェックをすることをおすすめします。

薄い

テープ類のキホン

バリエーション

飾りや補強に使う平らなひも状の素材。縁に縫いつけたり、挟み込んだりして使います。

リックラック

山道テープ、波テープなどとも呼ばれる
ジグザグ状の平ひも。

チロリアンテープ

刺繍があしらわれた装飾テープ。アルプ
スのチロル地方の民族衣装がルーツ。

トーションレース

組紐の原理で作られた帯状のレース。
綿や麻素材の太めの糸が使われているの
で各種レースの中でも比較的扱いやすい。

グログランリボン

細かな畝と光沢感が特徴的なリボン。
帽子の飾りによく使われる。

パイピングテープ

芯に紐が挟み込まれた縁飾り用のテー
プ。ひもを芯にした部分が外側に出るよ
うに挟み込んで縫う。

綾テープ

杉綾模様に織られたテープで、素材は綿
やアクリルなどがある。持ち手の補強や
縁取りに。

持ち手テープ

1本でバッグの持ち手になる、厚くて強
度のある織りテープ。ミシンで縫うこと
ができ、アクリル製は色数豊富。

革テープ

本革を使用したテープ。持ち手やショル
ダー紐には厚みのあるものを。

接着芯のキホン

布裏に貼って張りや強度を持たせるのが接着芯

接着芯とは、片面に接着剤のついた芯地のこと。アイロンで接着します。布に張りを持たせて型くずれを防いだり、厚みや硬さを与えて補強する役割があります。薄手の布や伸縮性のある布なども、接着芯を貼ることで扱いやすくなります。

接着芯あり

接着芯なし

こんなに違う！

シート状の芯地（接着芯）は大きく分けて3種類

バッグや小物に
不織布タイプ

伸縮性がなく布目がないものは向きを気にせずに使える。本書でおもに使用したのはこのタイプ。

洋服に
織り地タイプ

布となじみがよく、ソフトな風合いに仕上がる。布目があるので、貼る布の目の方向に合わせて貼ること。

ストレッチ素材に
編み地タイプ

伸縮性があり、風合いも柔らかい。薄手の布やニット地のようなストレッチ素材に適している。

ふっくら厚みを出したいときにはドミット芯

ドミット芯は、わたと裏打ち材（不織布やネット）が1枚のシートになったキルト芯（シート状のわた）の一種。布と布の間に挟んで、クッション性を高めます。わたをシートにしただけのキルト芯に比べ、圧縮されていて密度が高いのが特徴。片面に接着剤がついたアイロン接着タイプは扱いやすいため、小物作りに向いています。

接着ドミット芯
写真は厚さ約2mmのアイロン接着タイプのドミット芯。

一般的なのは片面アイロン接着タイプ

接着芯は「片面アイロン接着タイプ」が一般的。光に当ててみて、ドット状やくもの巣状の接着材が光って見える面を布に重ねて使います。ほかにも、布と布を貼り合わせることができる「両面接着タイプ」や、合成皮革やラミネート地などのアイロンが使えない布に使う「シール接着タイプ」があります。

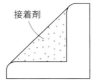
接着剤

接着剤

板状の芯材

バッグの底に

ベルポーレン

ベルポーレンはバッグの底板や帽子のつばに使う芯材。ミシンで縫うことができます。底まち幅が広めのバッグを作るときに使うとしっかりした仕上がりに。白と黒があり、厚さはいろいろありますが、使いやすいのは1〜1.5mmです。

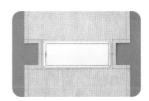
切り出したベルポーレンは裏布の底に直接ミシンで縫いつけることもできる（布を傷めないように、角は切り落とすか丸める）。

ベルポーレンのカットの仕方

直線

1 定規を当て、目打ちを立てて筋をつける。滑りやすいので定規にウエイトを置き、しっかり押さえて作業する。

2 何度か筋をつけていると目打ちだけで、きれいに切り分けることができる。ある程度、溝ができたらカッターで切ってもOK。

底板の角

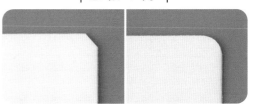

角を斜め45°に切り落とす（左）。または、角が丸くなるようにカッターでカットする（右）。

知っておきたい

不織布タイプの接着芯の収納方法

不織布タイプの接着芯が半端に長く残ったときはくるくると丸めて保管します。畳んでしわを作ってしまうとアイロンではのばすことができないので注意しましょう。

1 接着面を内側にしてくるくる巻く。

2 端をまち針でとめておく。アイロンの先端で端を軽く押さえてとめてもOK。

ファスナーのキホン

部分名称

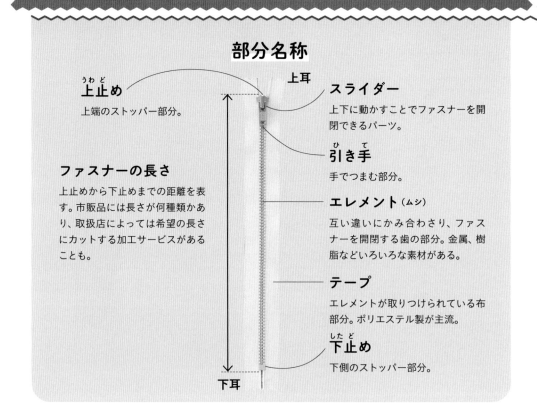

上止め（うわど）
上端のストッパー部分。

上耳

ファスナーの長さ
上止めから下止めまでの距離を表す。市販品には長さが何種類かあり、取扱店によっては希望の長さにカットする加工サービスがあることも。

スライダー
上下に動かすことでファスナーを開閉できるパーツ。

引き手（ひきて）
手でつまむ部分。

エレメント（ムシ）
互い違いにかみ合わさり、ファスナーを開閉する歯の部分。金属、樹脂などいろいろな素材がある。

テープ
エレメントが取りつけられている布部分。ポリエステル製が主流。

下止め（したど）
下側のストッパー部分。

下耳

種類と選び方

素材、形状などさまざまな種類があるので、使用する布や用途に合わせて使い分けます。
色を選ぶときは、布と同じか、同系色の少し濃い色を選ぶと作品と馴染みやすくなります。
迷うときは店頭で相談を。

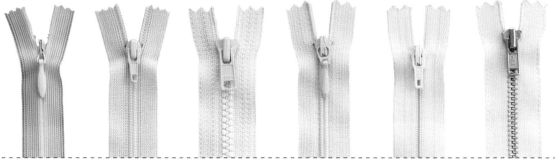

**コンシール
ファスナー**
エレメントが表面から見えないタイプ。ファスナーを目立たせたくないものに。

**フラットニット
ファスナー**
樹脂製のエレメントをテープに編み込んだファスナー。薄くて柔らか。

**ビスロン
ファスナー**
一般的な樹脂製のファスナー。軽くて丈夫。幅広い用途に使える。

**コイル
ファスナー**
エレメントがコイル状になっている樹脂製ファスナー。柔軟性がある。

**エフロン
ファスナー**
エレメントがナイロン製の樹脂性ファスナー。コイルファスナーの一種で、薄手。

**メタル
ファスナー**
エレメントが金属製のファスナー。金属の種類、色、幅、引き手のデザインが豊富。

金具・留め具のキホン

金具のとりつけ方

金具とは布の補強や固定に使う専用パーツ。種類ごとに専用の打ち具でとめつけます。

リュックや巾着のひも通しに

ハトメ

ハトメ　　座金

ハトメは布にあけた穴を補強するリング状の金具。

木づちで打つ
↓
打ち具
座金
ハトメ
布
打ち台

用意する道具

a 打ち台
b 打ち具
c ポンチ

1　打ち台にハトメをのせる。

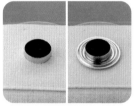

2　布のハトメつけ位置にポンチで穴をあけ、布、座金の順にハトメに重ねる。

3　打ち具の先端を穴に差し込み、木づちで垂直に打つ。

4　ハトメがついた。

持ち手などの固定に

カシメ

足　　頭

カシメは布どうしや布と革持ち手などを固定する金具。

木づちで打つ
↓
打ち具
頭
布
足
打ち台

用意する道具

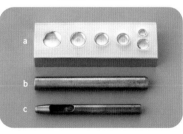

a 打ち台
b 打ち具
c ポンチ

＊カシメの径に合わせて打ち台のくぼみを選ぶ。くぼみがあるので裏側も丸いまま仕上がる。

1　布のカシメつけ位置にポンチ（または目打ち）で穴をあける。打ち台の上に足をのせ、布の穴に足を差し込む。

2　①に頭をはめる。

3　打ち具をのせて木づちで垂直に打つ。

4　カシメがついた。
＊両面とも丸いものは「両面カシメ」。片方が平らなものは「片面カシメ」と呼ぶ。

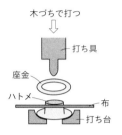

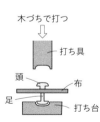

留め具

留め具とは布どうしを何度でも開閉させるためのパーツ。

用意する打ち具

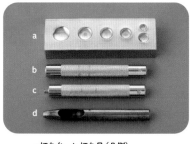

a 打ち台　b 打ち具（凸側）
c 打ち具（凹側）　d ポンチ（穴あけ）

ふたやポケットの
留め具に

バネホック

凸側

A　　　B

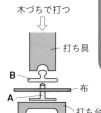

木づちで打つ

打ち具

B
A

布
打ち台

凸側のつけ方

①　打ち台を裏返して平らな面に**A**をのせる。

②　布の凸側つけ位置にポンチで穴をあけ、**A**の足を差し込む。

③　②の上に**B**をのせ、凸用の打ち具を重ねて木づちで垂直に打つ。

④　凸側のバネホックがついた。

凹側

C

D

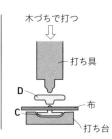

木づちで打つ

打ち具

D
C

布
打ち台

凹側のつけ方

①　打ち台に**C**をのせる。
＊サイズの合うくぼみを使う。

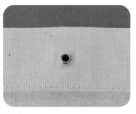

②　布の凹側つけ位置にポンチで穴をあけ、**C**の足を差し込む。

③　②の上に**D**をのせ、凹用の打ち具を重ねて木づちで垂直に打つ。叩きすぎて潰さないように注意。

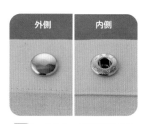

④　バネホックの凹側がついた。

パーツをつけるための打ち具のこと

ハトメ、カシメ、バネホックなどの金具をつけるときは、それぞれのパーツに合った打ち具が必要になります。金具と一緒に簡易打ち具がセットになっているものもあります。

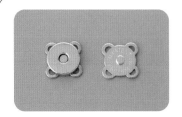

凸側も凹側もパーツの4つの角を縫いとめて固定します。

バッグの袋口に
使われる留め具

マグネットボタン

座金

凹側　　　凸側

マグネットボタンのつけ方

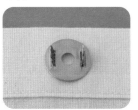

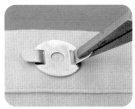

凹側　　凸側

1 まず凹側をつける。布の凹側つけ位置に座金を置き、凹パーツの差し込み位置に印をつける。

2 印をつけた位置にカッターで切り込みを入れ、凹パーツを表側から差し込み、裏側に座金を重ねる。

3 平ペンチなどで、凹パーツのツメを根元から折って平らにする。

4 凹側がついた。凸側も①～③と同様につける。

特別な打ち具
なしでOK

プラスチック
ボタン

凹側　　　　凸側

A　　　　　　　　C

B　　　　　　　　D

プラスチックボタンのつけ方

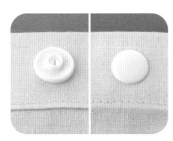

1 まず凹側をつける。布のプラスチックボタンつけ位置に目打ちで穴をあけ、Aの足を差し込む。

2 Bを重ね、上下から指で押してパチンとはめる。

3 凹側がついた。凸側も①～②を参考にしてつける。

column

道具のメンテナンスが大切です！

ミシン

ほこりや糸くずがたまりやすい 送り歯付近や下釜を掃除しましょう

＊メンテナンスをするときは、必ず電源スイッチを切り、プラグを抜いてから始めましょう。

送り歯

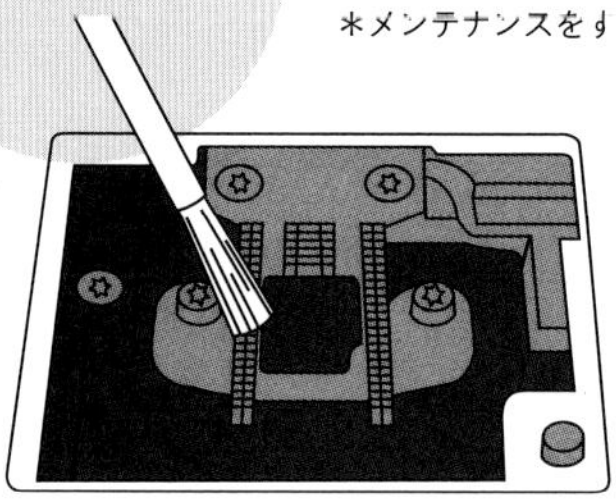

［ 掃除の手順 ］

❶ 電源が入らない状態にする。
❷ 針、押さえ金、針板をはずす。
❸ 送り歯にブラシをかけてほこりを除く。糸くずなどはピンセットで取り除く。

下釜

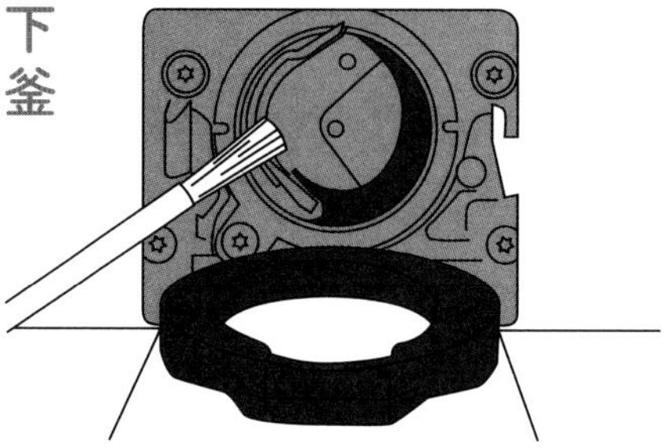

［ 掃除の手順 ］

❶ 電源が入らない状態にする。
❷ 内釜を外し、ブラシで内部のほこりを払う。
❸ 取扱説明書を確認して必要があればミシン油を注す。
❹ はずした部品を元に戻す。

針は早めに交換を！

針は消耗品です。何度も布にあたっているうちに、磨耗します。指先で軽く触ってみて、チクリとしない場合は針先が丸くなっているので針を交換しましょう。そのまま使っていると縫い目が乱れたり、針が曲がったり、折れたりする原因にもなります。

あると便利！

細かな汚れ落とし用の綿棒（A）、糸くずなどをはらうミニブラシ（B）、ほこりを吹き飛ばすブロワー（C）。

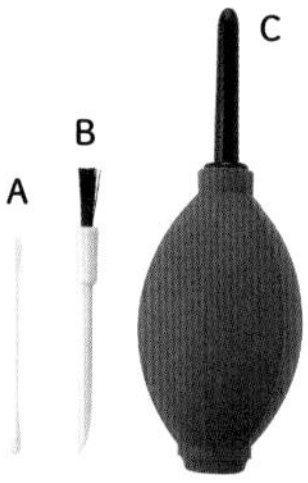

はさみ・カッター・目打ち

使用後は汚れを落とす

使い終わったら、はぎれなどで刃先の汚れや油分、水分を拭きとっておくのが共通の手入れ方法。鉄製のはさみは刃物用の椿油（ミシン油でも代用可）などをごく薄く塗っておくと錆止めに。はさみの切れ味が落ちてきたと感じたら、アルミ箔を何度かゆっくり切ると切れ味が戻る場合もある。

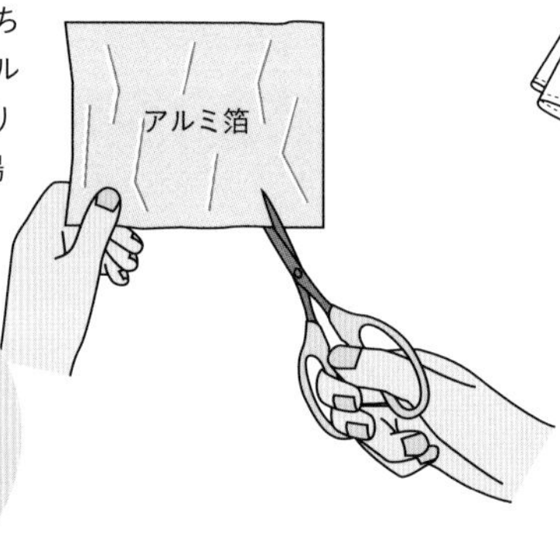

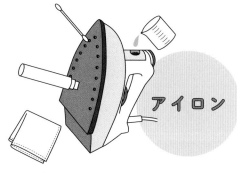

アイロン

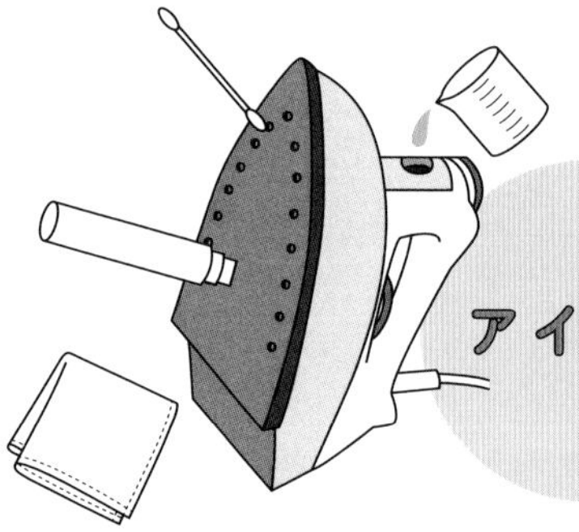

掃除のポイントは2か所

・布に接するかけ面

まめに水拭きをしたり、専用クリーナーで汚れを落とす。

・スチームの穴

綿棒で目詰まりを取り除く。水垢にはアルカリ性のカルキを中和できるクエン酸水が有効。ただし、アイロンの機種や構造にもよるので必ず取扱説明書を確認してから行う。

Chapter

2 下準備

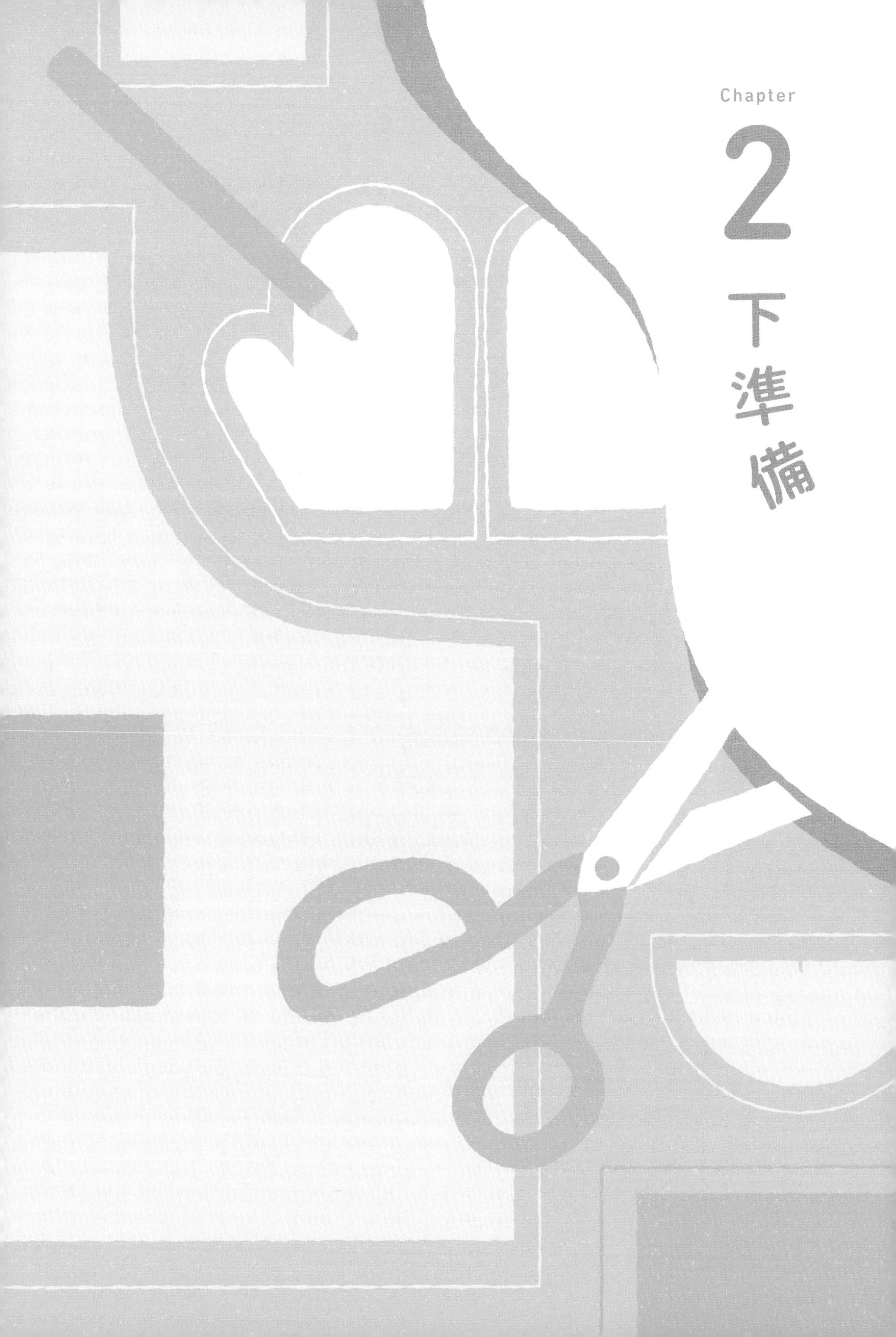

ひと目でわかる

下準備の手順チャート

1 水通しと地直しのキホン P.30

まずは布の歪みを整えましょう。
その作業が「水通し」と「地直し」です。
縫い合わせるのが楽になり、仕上がったときの型崩れを防ぎます。

2 型紙作り〜裁断のキホン

手順は大きく分けて、型紙を使うか、使わないかによって2通りの手順に分かれます。
簡単なものは自分で製図したり、型紙を作ったりしてみましょう。

手順A 実物大型紙を使う

P.31	P.36	P.37
型紙を用意	**型紙を写しとる**	**布に型紙を写す**
書籍や市販品の実物大型紙を利用	薄紙や接着芯に輪郭や印を写す	接着芯の貼り方(P.32)や布の柄合わせ(P.34)のことも知っておく

接着芯の貼り方や布の柄合わせについても要チェック!

手順B 実物大型紙を使わない（直裁ち）

P.31	P.35
書籍などの図を参考に **製図を用意**	布または接着芯に **製図を写す**

布への配置の仕方は裁ち方図をチェック! P.33

布の準備から仕上げまで
すべての工程で必要なのがアイロン

アイロンはきれいに仕上げるためにとても大切な道具です。布のしわを取り除き、折り目をきちんと押さえておく。縫うたびに、縫い代を割ったり倒したり。縫いやすく下準備しておけば失敗も防げます。

> はさみを入れる前に写したパーツに縫い代がついているか要チェック！

3 縫う前の
下準備のキホン

> きれいに布を断つには道具の使い方が大事！ P.40

P.38　**P.38**

布を裁断する
間違いがないか確認して慌てず落ちついて、慎重に、正確に

パーツを仮どめ
基本はまち針、便利なのはアイロン接着テープ

合印などの印つけ
おもな印つけの方法は4種類

線や点を描く

穴をあける

切り込みを入れる

筋をつける

1 布の水通しと地直しのキホン

洗うと縮む布は「水通し」をして、
裁ち目がまっすぐではない布は「地直し」で傾きを整えます

水通しってナニ？

水通しは、縮みやすい生地を水に濡らして、あらかじめ収縮させておくことで、洗濯による生地の縮みや色落ちを防ぐために行います。カーテンや洋服のように洗濯して縮むと困るかどうかが、水通しをする一つの目安。特に麻は収縮率が高いので水通しをしておくと安心です。色落ちしやすい布は、他への色移りを防ぐために単独で水通しを。水に弱い絹や化学繊維は水通しは不要。当て布をして裏からドライアイロンをかけます。

麻100%の場合

水通し前　　水通し後

これだけ縮みます！

水通しの方法

水につける
デリケートな布に。布地をたたんで一定時間水に浸して軽く脱水し、半乾きになるまで陰干し。その後、アイロンで整える。

洗う
木綿や麻に。洗濯機にかけて軽く脱水し、半乾きの状態でアイロンをかけて地の目を整える。

スチームアイロン
ウール全般に。当て布をして布の裏側からスチームアイロンをあてるか、霧吹きで湿らせる。

地直しってナニ？

地直しは布のたて糸とよこ糸が垂直に交差するように整えることです。まずアイロンをかけ、歪んでいる場合は、布を引っ張って傾きを整えます。次に、布の裁ち目がまっすぐでない場合は、斜めに裁たれた部分の短いよこ糸を引き抜いて平らになるように整えます。これを「地の目を通す」といいます。

地直しの手順　*手順2〜4の作業を「地の目を通す」という。

1. アイロンをかける

角が直角になるようにかける。アイロンは斜めに動かさず、たて地、よこ地にそって布目を整えながらかける。

2. よこ糸を引き抜く

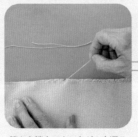

端から端までよこ糸が1本通るまで引き抜く。

3. たて糸をカット

はみ出したたて糸をはさみでカットする。

4. まっすぐになる

きれいに整った。

2 型紙作り

布の準備が終わったら型紙を用意します。
寸法や枚数をきちんと確認して間違えないようにしましょう。

型紙と製図の違いを覚えましょう

作品を形にするには、縫うために必要なパーツを正確に準備することが大切です。その際、書籍や市販の型紙を使うか、パーツの寸法をもとに布に直接描くか、大きく分けて2つの方法があります。

型紙

小物や洋服などを作るためのパーツを形にした紙。実物大型紙はそのまま薄紙などに写し取って使うことが一般的です。縫い代なしと縫い代込みの場合があるのでよく確認し、中心の印や合印も忘れずに写します。

製図

小物や洋服などを作るために、必要なパーツの形や大きさがわかる図を描くこと。書籍などで紹介されている縮図はかこみ製図と呼ばれ、直線・直角を基準にして形を描くシンプルな製図方法になります。

書籍などの実物大型紙

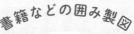
どう使うの？

書籍などの囲み製図

型紙

薄紙などに
写しとってから布に描く

**接着芯を
貼らない場合**

薄紙などに型紙を写しとり、それを布に写して裁断する。

**接着芯を
貼る場合**

接着芯に型紙を写しとって粗裁ちし、それを布に貼って裁断する。

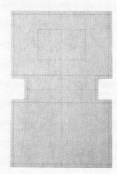

製図

布に
直接描く（直裁ち）

**接着芯を
貼らない場合**

布に直接、必要な線を引いて裁断する。

**接着芯を
貼る場合**

接着芯に必要な線を引いて粗裁ちし、それを布に貼って裁断する。

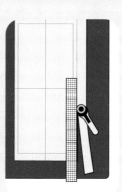
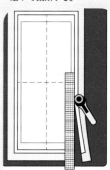

手順A 実物大型紙を使う P.36

手順B 型紙を使わない P.35

接着芯の貼り方のキホン

接着芯の貼り方　上手に貼るには「温度」「圧力」「時間」が重要です。

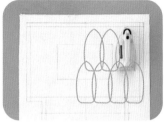

1 接着芯の接着剤のついた面を布の裏面に重ね、アイロンで中心を軽く押さえる。アイロンの温度は中温（140～160℃）のドライ設定。

2 次に、布目を確認しながら縦と横の中心線を十字に軽く押さえて貼る。こうして中心線を仮どめしておくと、布目に対して曲がらずまっすぐに貼りやすい。

3 端から隙間がないように、少しずつ位置を変えて押さえる。1か所につき、10秒程度、上から体重をかけてしっかり押さえる。移動するときは滑らせずに持ち上げ、次の場所へ移る。全体をかけ終わったら、熱が冷めるまで動かさずに置いておく。

接着芯を貼るときのポイント

Point 01　試し貼りをしましょう
製作に使用する布のはぎれを使い、接着芯を布の半面に貼り、接着や張りの具合を確認します。

引っ張ってみる

触ってみる

すぐにはがれるならNG。再度アイロンを当てるか、違う接着芯に替える。

イメージ通りの張り具合か、溶けた接着剤のしみができていないかを確認。

Point 02　しわを作らない
接着させるときは必ずアイロンを持ち上げて横に移動させます。滑らせるのは、しわのもとです。

Point 03　糸くずに注意
糸くずや裁った布くずを接着芯と布の間に挟まないように、接着前によくチェックしましょう。

Point 04　接着ドミット芯は布を上に！
厚みのある接着ドミット芯は布側からアイロンをあてて接着させます。

Point 05

失敗したときはあわててはがさない
しっかりくっついた接着芯は、再度アイロンで熱くしてのりをゆるめてからそっとはがします。はがすと生地が伸びたり、接着剤が布に残ったりすることもあるので、貼る前にきちんと確認することが大切です。

裁ち方図のキホン

裁ち方図ってナニ？

裁ち方図は、小物や洋服などを作るためのパーツを、布にどう配置するかを示した図。
必要なパーツ数や布の長さが一目で確認できます。裁ち合わせ図とも呼ばれます。

下準備

接着芯の貼り方／裁ち方図

裁ち方図の見方

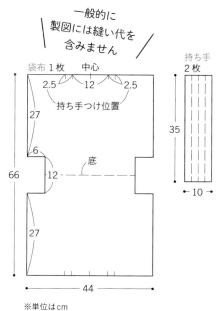

一般的に製図には縫い代を含みません

袋布 1枚　中心
2.5　12　2.5
持ち手つけ位置
27
6
12　底
66
27
44
※単位はcm

持ち手 2枚
35
10

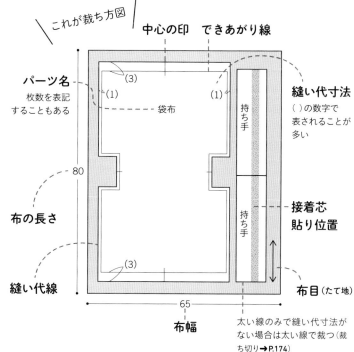

これが裁ち方図

中心の印　できあがり線

パーツ名
枚数を表記
することもある

縫い代寸法
( )の数字で
表されることが
多い

(3)
(1)　(1)
袋布
持ち手
80
持ち手
(3)

接着芯
貼り位置

布の長さ

縫い代線

布目(たて地)

65

布幅

太い線のみで縫い代寸法が
ない場合は太い線で裁つ(裁
ち切り➡P.174)

裁ち方図を見るときの
チェックポイント

✓ 布の縦横とパーツの向き
✓ パーツの枚数
✓ わ(輪)にする部分
✓ 縫い代の有無と縫い代寸法
✓ 合印や持ち手などのつけ位置

知っておきたい

裁ち方図は
布を裁つための目安です

裁ち方図は、材料の布に必要なパーツを効率よ
く配置した図。布幅の違う布や手持ちの布を使う
場合は、布目方向を変えないようにパーツの位
置を移動させてかまいません。

柄合わせのキホン

柄合わせってナニ？

柄のある布を裁断するとき、作るものの前後の柄の向きを揃えたり、脇などの縫い合わせ部分の柄がつながるようにしたりすることをいいます。中心を決め、縦方向と横方向の両方を考えるのがコツ。布の量は通常より少し多めに用意すると安心です。

柄合わせを必要としない布

細かい柄　　　　ランダムな柄

柄合わせの方法（バッグの場合）

上下がある柄

○ 前後を分けて同じ方向で裁ち、底で縫い合わせると柄の向きが揃う。

× 底をわにして裁つと、片面の柄が上下逆になってしまう。

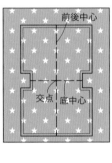

縫い合わせ部分で揃えたい柄

チェック柄
底中心と前後中心の交点とチェック柄の中心を合わせると、脇線の柄が合う。

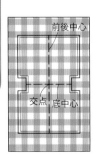

ドット柄
底中心と前後中心の交点とドット柄の中心を合わせると、脇線の柄が合う。

ストライプ柄
前後中心をストライプ柄の中心にして裁つと、脇線の柄が合う。

ボーダー柄
底中心をボーダー柄の中心にして裁つと、脇線の柄が合う。

直裁ちのキホン

直裁ちってナニ？

直裁ちとは、型紙を作らず直接布に製図して裁断する方法。布に製図するときに大切なのは、布目（地の目）に対して、平行、垂直を正しく描くこと。方眼定規で耳からの距離を数か所測り、布目（地の目）を通すように描きます。

下準備

柄合わせ／直裁ち

接着芯を貼らない場合

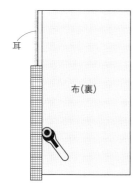

1 地直しした布の耳を平行に切り落とす。

2 かこみ製図などの寸法に合わせて布の裏に印をつけ、印をつなげて線を引く。

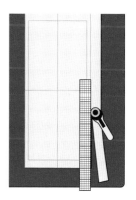

3 縫い代線に沿って布を裁つ。

接着芯を全面に貼る場合

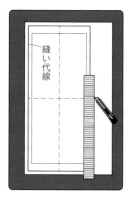

1 接着芯の糊のついていない面にかこみ製図などの寸法通りに線を引き、縫い代線に少し余分をつけてカットする（粗裁ち→P.173）。

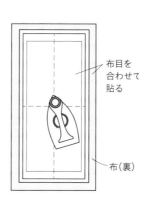

2 接着芯に引いた線と布目を合わせて布の裏面に重ね、アイロンで接着芯を貼る。

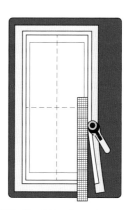

3 縫い代線に沿って布を裁つ。

型紙を使った布の裁ち方のキホン

接着芯を 貼らない 場合

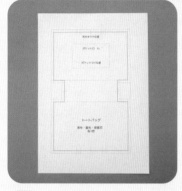

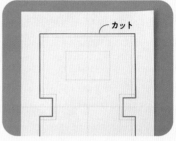

1 実物大型紙を用意する。写真は縫い代を含んだ型紙。

2 薄紙（トレーシングペーパーやハトロン紙）を重ねて型紙を写しとる。

平行な線は方眼定規で一度に引くとスムーズ！

3 線や印をすべて写したら、縫い代線に沿ってカットする。
＊さらに薄紙から厚紙に写すか、裏打ち（→P.173）をすると保存性の高い型紙になる。

接着芯を全面に 貼る 場合

1 型紙に接着芯を重ねて輪郭を写しとる。その際、接着面ではない側に線を描く。

2 方眼定規を使って垂直、水平を正しく描く。

3 型紙を写したところ。中心の印やポケット位置も写しておく。

厚紙の型紙を作っておくと便利です

お気に入りのアイテムは強度のある厚紙で型紙を作っておくと、何度も使えるので重宝します。

P.33の型紙の場合

底中心

底中心

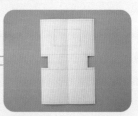

厚紙に縦横の中心線（十字）を目打ちで線を引く。

それぞれ底中心で二つ折りして厚紙と製図を重ねる。

できあがり線やポケット位置の角などに目打ちで印をつける（→P.39）

製図を外し、目打ちの印を結んで線を引き、カットする。

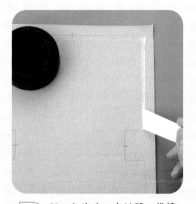

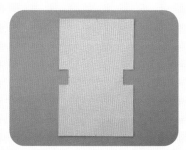

④ 布の裏に型紙をのせ、輪郭と中心の印、持ち手つけ位置などを写す。

⑤ ほつれやすい布は縫い代線にほつれどめの接着剤(乾くと透明になるもの)を塗っておく。

⑥ 縫い代線に沿って布を裁つ。指定のできあがり線やポケット位置などを書き足す。ポケット位置は目打ちで印をつけ、線で結ぶ。

貼ってから裁つ

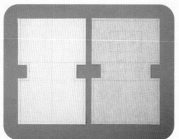

④ 表布の裏面に接着芯を貼り、縫い代線に沿って裁つ。裏布が必要な場合はもう1枚作る。

接着芯を一部にしか貼らない場合は？

ポケットなど、縫い代まで接着芯を貼ると縫い返し(→P.174)たときに厚くなりすぎるパーツは、縫い代分を除いたできあがりサイズの接着芯を布に貼ります。

カットした型紙を接着芯に写すには？

厚紙で作った型紙を接着芯に写す場合は、まず接着芯の上に型紙を置いて輪郭を写してから、型紙を下にして重ね直し、内側の線や印を透かして写します。

接着芯の上に型紙を置いて輪郭を写す。

型紙を接着芯の下にして、透かして残りの線を写す。

3 縫う前の下準備のキホン

パーツの合印どうしをとめたり、縫い位置がずれないように縫い代を固定しておくことを「仮どめ」といいます。本縫い前の印つけと仮どめがきれいに仕上げるポイントです。

仮どめする

キホン
まち針

まち針は布端側から針を入れ、できあがり線に対して垂直にとめ、線の上の布を少しすくって表に出す。

これは NG

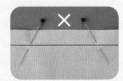

斜めに打つと正確にとめられず、布がずれる原因に。

できあがり線に沿って打つと針が指に刺さり危険。

布を大きくすくいすぎると、布がずれやすい。

まち針でとめる順序

直線
❷ ❸ ❶ ❸ ❷
中心→両脇→その間

輪
❸ ❷ ❸
❶ ❶
❷
両脇→中心→その間

印つけをする

合印や縫いどまり、ポケットつけ位置、持ち手つけ位置などは、布に印をつけておきます。

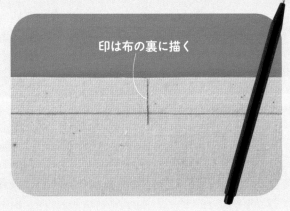

印は布の裏に描く

キホン
鉛筆・チャコペンシル

布地の裏面に線を描いて印をつける。布の色柄や素材に合わせて道具を使い分けて。

合印やポケットつけ位置には表からでもわかって跡が残らない印つけを

本書ではこれを採用しています

アイロン接着テープ

アイロン接着テープでの仮どめは、縫い代全体を貼り合わせて固定するので、布がずれにくく、正確に縫うことができます。粘着タイプのテープもありますが、アイロン接着テープは針に糊がつかず、ミシンでも気にせず縫えます。

2〜3mm幅の剥離紙つきタイプ（上）。糊をテープ状にした剥離紙がないタイプ（下）。中温（140〜160℃）のドライアイロンで接着させます。

アイロン接着テープ（剥離紙つき）の使い方

 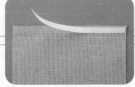  

必要な長さにカットした接着テープを布の縫い代に置き、アイロンで押さえる。

接着テープの剥離紙を剥がす。

縫い合わせる布を重ねてアイロンで押さえる。

2枚の仮どめができた。

厚手の布や穴をあけられない布に

クリップ

挟むだけで手軽に固定できる。とめる順番はまち針と同様。

まち針のかわりに

しつけ糸

できがり線から縫い代側2〜3mmの位置をしつけ糸で粗く縫い、本縫い後に糸を抜く。

かせ（糸を輪に巻いて束ねたもの）のしつけ糸。

しつけ糸の扱い方

かせをほどいて輪にし、数カ所ひもで結んでから、輪をカットする。使う時は1本ずつ引き抜く。

点で印をつけたいときに

目打ち

ダーツの先端やポケットつけ位置の角など、点で印をつけたいところに、表から見てわかる程度の穴をあける。

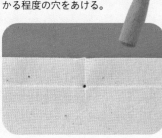

手軽な切り込み

はさみ

合印の縫い代に0.2cmほどの切り込みを入れる。ほつれやすい布や粗い織りの布には不向き。ノッチとも呼ぶ。

折り山のガイドにも

へら

角の交点や合印をへら先で強めになぞり、印をつける。あとで折る線はへらで筋をつけておくと折りやすい。

布を裁つには道具選びが大事！

キホンの道具

裁ちばさみ

布に対してはさみを持つ手が垂直になるように構え、刃の下を台につけて切り進めます。裁断するときは立ってはさみを動かします。向きを変えるときは人が移動して刃を入れ直し、布を動かさないようにします。長い直線は刃を大きく動かして、一気に切るようにしましょう。

人指し指を下のくぼみに添えて持つと、はさみ全体が安定して裁ちやすい。

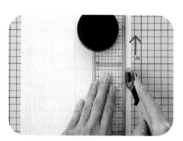

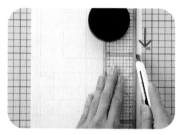

ロータリーカッター

円形の刃がついているロータリーカッターは、手前から奥に向かって押すように転がして使います。はさみのように布が持ち上がらないので、重ねた布も、動きやすい薄い布も正確にカットできます。必ずカッティングマットとセットで使いましょう。

カッターナイフ

型紙の紙をカットするだけでなく、ボタンホールの穴を開けるときなど、細かい作業が得意なのがカッターナイフ。ロータリーカッターと異なり、奥から手前に刃を引いてカットします。

あると便利！

ウエイトを使いましょう

裁断のときは、布や定規の上にウエイトを置き、ずれないようにしっかり押さえて作業しましょう。複数あると便利。書道用の文鎮などでも代用可能です。

P.152のピンクッションの袋の中に、わたの代わりにお菓子用の重り（タルトストーン）などを入れれば、オリジナルのウエイトに。

裁断は臨機応変に！

布は縫い代線に沿って裁つのが基本ですが、複雑な形の場合はざっくりとパーツを粗裁ち（縫い代線に余分をつけて裁つ）してから、細かなところをカッターやはさみの先端を使って裁ちます。裁断する手順は、布や作るものの形に合わせて臨機応変に。

布（裏）

Chapter

3

ミシン縫い

ミシンのキホン

まずはミシンのしくみをおさえましょう

本体

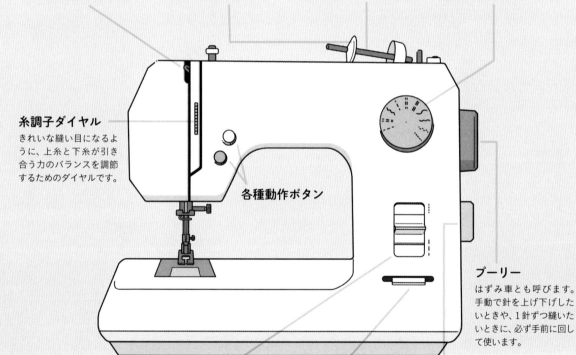

天びん
上糸を掛ける部品のひとつ。ミシン糸を引き上げる役割があり、掛け方を間違えるとうまく縫えません。

糸こま押さえ
糸たて棒に上糸をセットする際に、はずれないように押さえるためのパーツ。糸こまに密着させて使います。

糸たて棒
ミシン糸（上糸の糸こま）を差し込む棒。しっかり根元まで差し込み、糸こま押さえで固定します。

模様選択ダイヤル
縫い模様を選択するためのダイヤル。基本の直線縫いのほかに、ジグザグ縫いや飾り縫いなどが選べます。

糸調子ダイヤル
きれいな縫い目になるように、上糸と下糸が引き合う力のバランスを調節するためのダイヤルです。

各種動作ボタン

プーリー
はずみ車とも呼びます。手動で針を上げ下げしたいときや、1針ずつ縫いたいときに、必ず手前に回して使います。

**返し縫い
レバー／ボタン**
縫い始めと縫い終わりがほつれないように返し縫いをするときに使うレバーです。ボタンの場合もあります。

スピード調整ボタン
縫う速度を調節するボタン。慣れないうちはゆっくりで、慣れてきたらスピードを上げるとよいでしょう。

縫い目長さダイヤル
1目の長さを調節するダイヤル。普通の厚さの布地を縫うときは2〜3mm程度が適しています。

下釜のしくみ

下釜ってなに？

下糸を巻いたボビン（糸巻き）を入れる釜のこと。
針が釜の中を上下することで、上糸と下糸を組み合わせ、縫い目になります。

通常の縫い物には
標準押さえ

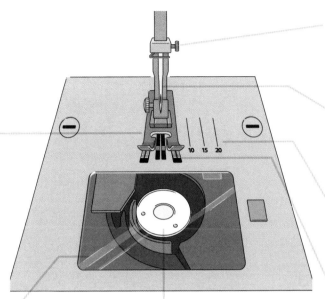

押さえ金
布が持ち上がらないように
押さえるパーツ。布を置いて
から押さえ金を下ろし、縫い
終わったら上げます。
ファスナー押さえ➡P.67
ボタンホール押さえ➡P.82

針とめねじ
ミシン針を固定しておくた
めのねじ。ミシン針を交換
するときは、ねじを回して
針のつけ外しをします。

ミシン針
太さによってサイズが違い
ます。生地の厚さとミシン
糸の太さに合わせて選びま
す（➡P.9）。

ガイド線
ガイド線に布端を合わせ
て縫うと、まっすぐ縫えま
す。数字は針の位置からの
距離（＝縫い代）になります。

送り歯
送り歯が布を動かすこと
で、縫い進められます。布
が進まないときは送り歯が
下がっていないか確認を。

ミシン縫い

ミシンのキホン

一般的なのは水平釜
ミシンに対して水平にボビンをセットする釜。
上部に透明の釜カバーがつきます。

ボビン
下糸を巻く糸巻きで、ミシンの機種によって形状が異なります。内釜
に入れるときは糸の向きに注意します。

水平釜用
プラスチック製
水平釜用のボビンはプラス
チック製が主流。釜に磁石を
使用している機種が多いため
です。

垂直釜用
金属製
垂直釜用のボビンは耐久性の
ある金属製が主流。ボビンケー
スに入れてから下釜にセット
します。工業用や職業用のミシ
ンでも多く使われています。

垂直釜タイプもあります
ミシンに対して垂直にボビンをセットする釜。
ボビンをボビンケースに入れてセットします。
ボビンケースで下糸の細かな調節ができます。

糸はボビンに均等に巻きましょう
下糸を巻くときは取扱説明書で糸のかけ方を確認してセッ
トしましょう。巻きがゆるくなったり片寄ったりすると、き
れいな縫い目になりません。
失敗を防ぐには、下糸巻き案
内の金具にしっかり糸をかけ
て糸を張ること、ボビンを下
糸巻き軸にきちんとはめるこ
とが大事です。

試し縫いのキホン

縫う前に必ず試し縫いをして、糸調子のバランスを見ます。
糸調子とは、上糸と下糸が引き合う力のバランスのこと。
糸調子が合っていないと、きれいな縫い目になりません。

試し縫いで確認すること 1

糸調子

糸調子とは、上糸と下糸のバランスのことをいいます。
糸調整ダイヤルで糸の張り具合を整えることで、きれいな縫い目になります。

バランスのよい縫い目

上糸と下糸のバランスが合っていると、表側も裏側
もきれいに揃った縫い目になります。

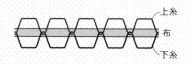
上糸
布
下糸

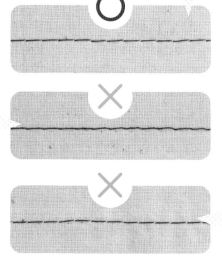

上糸が強すぎる

表側（上糸側）から下糸が見え
るのは、上糸が強すぎる状態
です。1本の糸のように見える
上糸のすき間にポツポツと下
糸が見え、美しくありません。

上糸
布
下糸

下糸が強すぎる

表側（上糸側）がゆるんで浮い
たように見えるのは、下糸が強
すぎる状態です。縫い目がゆ
るく不規則に見えて、きれいな
仕上がりになりません。

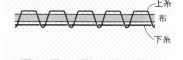
上糸
布
下糸

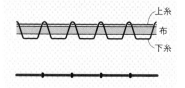
糸調子ダイヤル

糸調子を調節しましょう

上糸が強すぎる場合…上糸調整ダイヤルの数字を小さくする
下糸が強すぎる場合…上糸調整ダイヤルの数字を大きくする
＊糸調子の調整の仕方はミシンによって違うので、取扱説明書を確認しましょう。

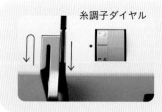

縫い目の長さ

縫い目の長さとは、布の表側に見える糸のひと目の長さのことです。使用する布地や用途によって調節します。
薄手の布を縫うときは縫い目の長さを粗くしすぎないよう、
厚手の布を縫うときは縫い目の長さを小さくしすぎないようにしましょう。

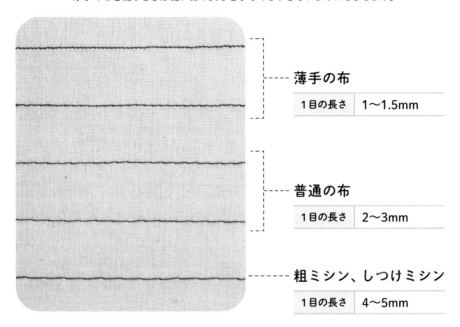

薄手の布

1目の長さ	1〜1.5mm

普通の布

1目の長さ	2〜3mm

粗ミシン、しつけミシン

1目の長さ	4〜5mm

ミシン周りの環境を整えましょう

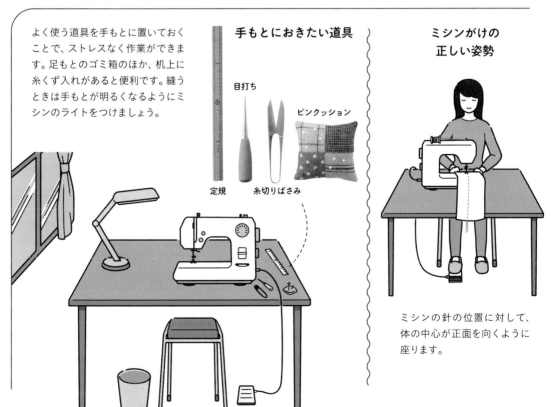

よく使う道具を手もとに置いておくことで、ストレスなく作業ができます。足もとのゴミ箱のほか、机上に糸くず入れがあると便利です。縫うときは手もとが明るくなるようにミシンのライトをつけましょう。

手もとにおきたい道具

目打ち

ピンクッション

定規　　糸切りばさみ

**ミシンがけの
正しい姿勢**

ミシンの針の位置に対して、体の中心が正面を向くように座ります。

ミシン縫いのキホン

縫い始める前のチェックポイント

天びんの ポジションは「上」

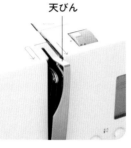
天びん

天びんが中途半端な位置のときに縫い始めると、上糸のたるみが下釜で絡む原因に。プーリー(はずみ車)をゆっくり手前に回して針が下がる直前の状態で縫い始めると、上糸がゆるまず絡みません。

糸端のポジションは 「真横〜やや後ろ側」

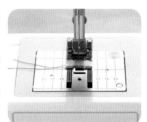

糸端が釜に引き込まれて絡んだりしないように、上糸と下糸を揃えて真横〜やや後ろ側に引いておきます。縫い終わって布を外すときも、布を後ろに引いてから糸を切ると失敗がありません。

直線の縫い方

縫い始めと縫い終わりは返し縫いをしてほどけないようにします

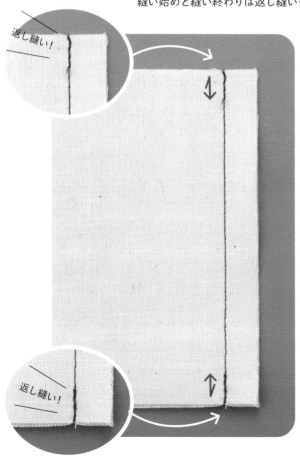
返し縫い!
返し縫い!

1 縫い始め(返し縫い)

2 直線を縫う

3 縫い終わり(返し縫い)

4 糸を切る

返し縫いが大事!

返し縫いとは、糸がほどけてくるのを防ぐために、縫い始めと縫い終わりで何針か同じところを重ねて縫うことをいいます。仮どめのしつけミシンやギャザーを寄せるときなど、返し縫いが不要な場合もあります。

返し縫いボタン

ミシンの返し縫いボタンを使うと後ろ向きに縫ってくれます。
＊返し縫いボタンの位置は機種によって異なります。

1 縫い始め（返し縫い）

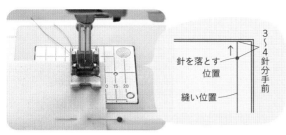

3〜4針分手前
↑
針を落とす位置
縫い位置

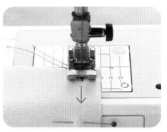
↓

① 押さえ金を上げた状態で布を差し入れ、縫い線上の3、4針分手前に針を下ろし、押さえ金を下ろす。返し縫いレバーやボタンを使って布端までバックで縫い、針が布に刺さった状態でミシンをとめる。

② 端まで縫い戻ったら進行方向に縫い進め、バックで縫った縫い目に重ねて縫う。これで縫い始めの部分の縫い目が二重になるため、糸端からほつれることを防げる。

2 直線を縫う

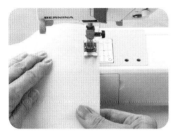

布は自動で進むので、布が真っ直ぐ送られるように余計なところを引っぱらず、軽く手を添えて縫い進める。

まち針が押さえ金の手前にきたら、まち針を抜く

注意！ まち針を刺したまま縫うと、ミシン針とぶつかって折れることがあり、危険です。必ず手前で抜きましょう。

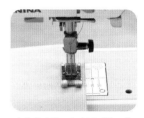

押さえ金のすぐ手前にまち針がきたら、ミシン針が布に刺さった状態でミシンをとめ、まち針を抜く。

まち針を抜いたら再び縫い始める。

3 縫い終わり（返し縫い）

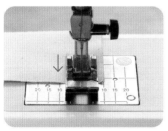
↓

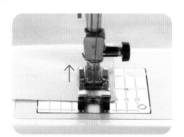
↑

① 布端まで縫い進んだら、針が布に刺さった状態でミシンをとめる。

② 3、4針分を返し縫いし、同じ場所に縫い目を重ねるようにして縫い戻る。これで縫い終わり部分も縫い目が二重になり、糸端からほつれることを防げる。

4 糸を切る

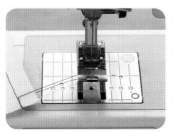

縫い終わりの返し縫いが終わったら、針と押さえ金を上げる。布をずらし、糸を少し引き出してカットする。このとき、糸を引き出してから、布ぎりぎりのところで上糸と下糸をそれぞれ切っておくと作業がスムーズ。
＊布を切らないように気をつけましょう。

縫い終わりも天びんを上げる

縫い終わりの返し縫いをしたら押さえ金を上げ、縫い始めと同様にプーリーを手前に回して天秤を上げる（針も上がる）。こうしておくと、次に縫うときに、せっかく通した上糸が針から抜けたり、布の裏側で絡んだりすることなく、スムーズに縫い始められる。

失敗しないミシン縫いのコツ

布が送れない！ずれてきた！そんな時は目打ちの出番

薄い布や伸びる布を縫う場合

薄い布や伸びる布の場合、送り歯でうまく送れず縫い進めないことがあります。このとき、目打ちやピンセットで上から布を軽く押さえると上手に送れることがあるので試してみましょう。

＊ミシンの送り歯が針板より下がっているときは、取扱説明書を見て送り歯を上げましょう。

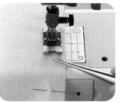

細い紐を縫う場合

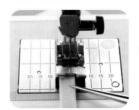

はぎれ

送り歯にうまくのらない細い紐などは、目打ちで紐を軽く押さえて縫い進めると、スムーズに向こう側へ送ることができます。

あるいは送り歯に噛ませるために最初にはぎれを縫い、そのまま続けて細い紐を縫うとスムーズに縫うことができます。

同じパーツは続けて縫うと効率的

バッグの持ち手など、複数のパーツを縫うときは、糸を切らずに続けて縫います。こうすると、「糸端の始末が楽」「糸が無駄にならない」「糸端が絡まる事故を防げる」と、非常に効率的です。ただし返し縫いは忘れずに。

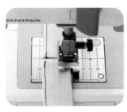

1 1つのパーツの縫い始めと縫い終わりは返し縫いをして、次のパーツを続けて縫います。

カット！

2 パーツの間の糸を切れば、糸端の始末も楽ちんです。

布はしわが寄らないように平らに整えて縫う

布はミシンの送り歯で自動的に進んでいくので、変に引っ張ったりせず自然に送ります。ただし、針が落ちる場所の周辺は、しわが寄らないよう常に平らに整えながら縫い進めましょう。

布を送るリズムが狂ったり重みで引っ張られてしわができる場合も。このまま縫い進めると正確に縫えないばかりか、余計なタックを作ってしまうリスクもあります。左のように整えて。

段差には余り布をはさんで縫う

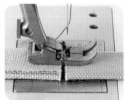

厚みのある布を縫う場合は、たたんだ余り布を挟んで押さえ金が水平になるように調節して縫い始めるとうまくいきます。厚紙でもOKです。

部分縫いのキホン

角を縫う

ポイントは角での方向の変え方。針を落とした状態で布を回転させることで、どんな角度でもきれいに仕上げることができます。

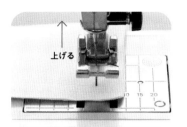

1 角まで縫い、針を布に刺した状態で止めて押さえ金を上げる。

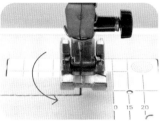

2 針を軸に、布を反時計回りに90°回転させる。

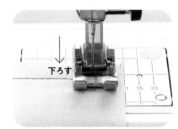

3 押さえ金を下ろす。

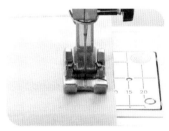

4 再び縫い進める。

カーブを縫う

カーブでは無理に布を回さず、できあがり線に沿ってゆっくり縫い進めるのがコツ。急なカーブは手動でプーリーを回しながら1針ずつ慎重に縫いましょう。

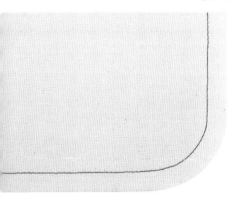

1 カーブの手前で止め、まち針を抜いてゆっくり縫い進める。

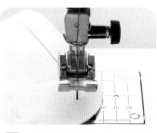

2 進む方向を変えるときは、針を布に刺したまま、押さえ金を上げる。

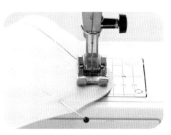

3 方向を変えたら押さえ金を下ろしてゆっくり縫い進める。
＊慣れないうちは、プーリーを回して1針ずつ縫うとよい。

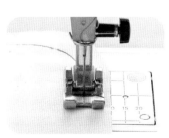

4 2、3をくり返して縫い進める。
＊ゆるいカーブは、押さえ金を下ろしたまま、できあがり線に沿って布の方向を少しずつ変えながら縫ってもOK。

ミシン縫い

部分縫い

ギャザーを縫う

ギャザーは布を縫い縮めて立体的にした細かいひだのこと。
できあがりサイズより幅の広い布を用意してひだを寄せます。

型紙の表記

ギャザー部分

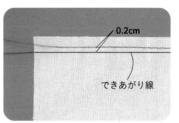

0.2cm

できあがり線

1 上糸調子を強め、できあがり線の上0.2cmの位置に粗ミシンをかける。縫い始め、縫い終わりともに返し縫いはせず、糸端は長めに残しておく。

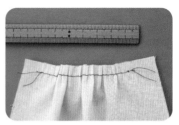

2 上糸を引いて、できあがり線のサイズになるまで布を縮める。ギャザーが均一になるように整えて、軽くアイロンで押さえる。

知っておきたい

粗ミシンのこと

粗ミシンとは4〜5mmの長さの粗い縫い目で縫うこと。しつけミシン（仮どめ）にも使います。ギャザーを寄せる場合は上糸の調子を強くした状態で縫い、上糸を引っ張って縮めます。

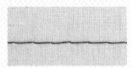

上糸
布
下糸

ダーツを縫う

ダーツは平面的な布を立体的にする手法のひとつで、三角形につまんで縫います。

型紙の表記

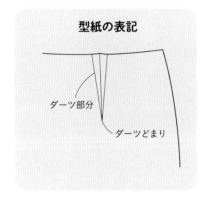

ダーツ部分

ダーツどまり

（裏）

返し縫い

1 布を中表に合わせてダーツ線どうしを縫う。ダーツどまりは返し縫いをする。

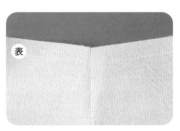

表

2 布を開いてアイロンで押さえる。このとき、通常はダーツを作品の中央側へ倒す。

薄い布の場合は糸を長めに残して結ぶ

薄い布でダーツを縫う場合、先端で返し縫いをすると表に返したときにゴロゴロするので、返し縫いはせず、糸を長めに残して結び、糸端をカットする。

結ぶ

タックを縫う

タックは布を折りたたむことでできるひだのことです。
ギャザーよりも端正な印象になります。

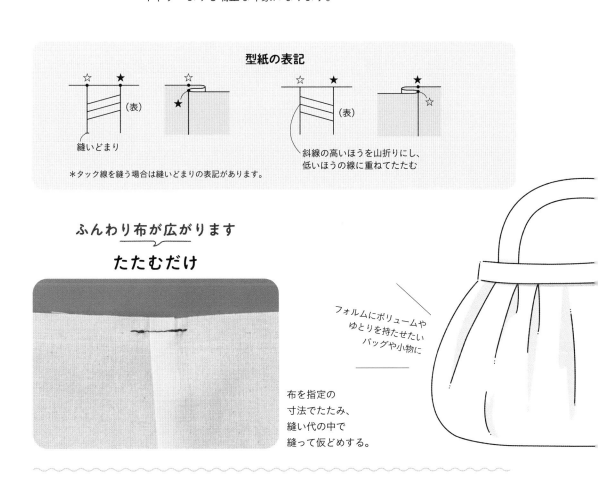

型紙の表記

（表）

縫いどまり

＊タック線を縫う場合は縫いどまりの表記があります。

斜線の高いほうを山折りにし、
低いほうの線に重ねてたたむ

（表）

ふんわり布が広がります

たたむだけ

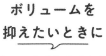

フォルムにボリュームや
ゆとりを持たせたい
バッグや小物に

布を指定の
寸法でたたみ、
縫い代の中で
縫って仮どめする。

ボリュームを抑えたいときに

タック線を縫う

シルエットにメリハリを
つけたいデザインや
ふくらみを抑えたいときに

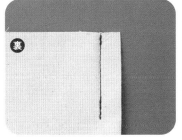

裏

1 型紙から写したタック線どうしを中表に合わせて縫いどまりまで縫う。縫いどまりでは返し縫いをする。

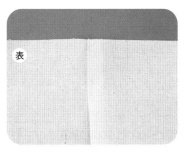

表

2 布を開いてアイロンで押さえる。布の表側から見て、型紙の斜線の高いほうの折り山からタックの折り山へ向かって布を倒す。

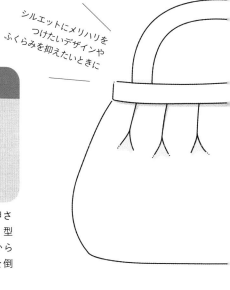

立体縫いのキホン

直線と角

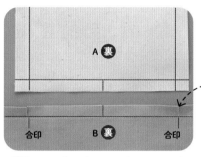

A 裏

合印　B 裏　合印

切り込み

合印

できあがり線のきわまで
切り込みを入れる。

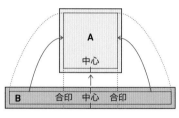

A

中心

B　合印　中心　合印

1　A、Bの布の裏にできあがり線を
　描き、BにAの角の合印を入れ
　る。

2　Aの角と合わせる部分のBの布
　の縫い代に、切り込みを入れる。

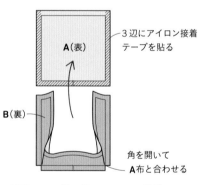

3辺にアイロン接着
テープを貼る

A（表）

B（裏）

角を開いて
A布と合わせる

3　Aの縫い代にアイロン接着テー
　プを貼り、Bを中表に合わせる。

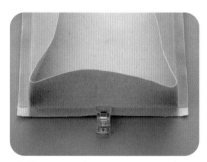

4　クリップでとめ、アイロンで押さ
　えて仮どめする。

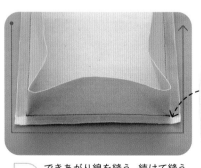

5　できあがり線を縫う。続けて縫う
　のが難しい場合は、一辺ずつ縫っ
　てもよい。

角はミシンの針を刺した
まま押さえ金を上げて向
きを変える。

A 表

B 表

6　表に返して形を整える。

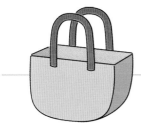

直線とカーブ

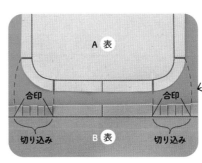

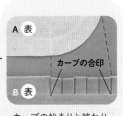

カーブの合印　カーブの合印

カーブの始まりと終わり
の合印の間に数か所切り
込みを入れる。

1 A、Bの布にできあがり線を描き、
Bに Aのカーブの合印を入れる。

2 Aのカーブと合わせる部分の B
のカーブの縫い代に、切り込みを
入れる。

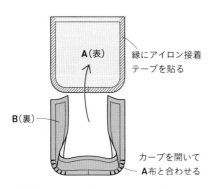

縁にアイロン接着
テープを貼る

B（裏）

カーブを開いて
A布と合わせる

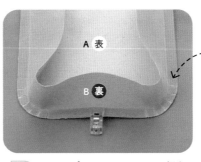

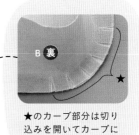

★のカーブ部分は切り
込みを開いてカーブに
沿うようにする。

3 Aの縫い代にアイロン接着テー
プを貼り、Bを中表に合わせる。

4 クリップでとめ、アイロンで押さ
えて仮どめする。

カーブは目打ちで押さえ
ながら、ゆっくり丁寧に
縫う。

5 できあがり線を縫う。続けて縫う
のが難しい場合は、直線部分を先に
縫い、あとからカーブを縫ってもよい。

6 表に返して形を整える。

布端の始末のキホン

裁ち端の始末

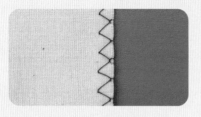

キホンはジグザグミシン

布を裁断したあとの布端（裁ち端）はジグザグミシンでかがることで、ほつれるのを防止することができます。家庭用ミシンに標準装備されている縫い目です。

その他の方法

捨てミシン

布端0.2〜0.3cmのところを直線縫いで縫い、ほつれにくくする方法。ジグザグ縫いでうまく布端がかがれない薄い布や粗い織りの布に。

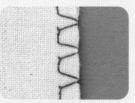

裁ち目かがり

ミシンの機種によっては、裁ち目かがりができる機能がついています。薄地向き、厚地向きなど縫い目の種類もいろいろあります。

ロックミシン

縁かがりに特化した専用のミシンで2〜4本の糸を使って縫う始末の仕方。既製品のような美しい仕上がりになります。

縫い代の始末

縫い代を割る

縫い目を中央にして、縫い代を左右に割り開く方法。いろいろな場面でよく使われる手法です。

1 2枚の布を、中表に合わせて縫う。

2 縫い代を両側に開き、アイロンで押さえる。

3 両側へ均等に割るので、縫い代の厚みが分散し、すっきり仕上がる。

縫い代を倒す

縫い合わせたあと、縫い代を左右どちらか片方へ2枚まとめて倒す方法。片倒しともいいます。

1 2枚の布を中表に合わせて縫う。布端は2枚一緒にジグザグミシンをかける。

2 縫い代を片側に倒してアイロンで押さえる。

3 布を開いてアイロンで押さえる。

厚くしたくないときに
三つ折り

三つ折りは、布端を内側に折り込み始末する方法です。
2回目の折り幅を広くするこの折り方は、厚みを出したくない場合に。
先にできあがり線に折り目をつけておくと仕上がりがきれいです。

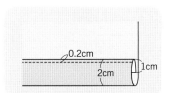

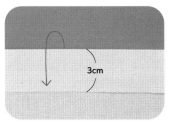

1　できあがり線に沿って布を折り（ここでは3cm）、アイロンをかける。

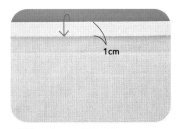

2　折り目を開き、端から1cmのところで折り、アイロンで押さえる。

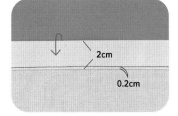

3　アイロンでつけた2本の折り目で三つ折りにし、折り山に端ミシンをかける。

布端がしっかりする
完全三つ折り

折り目の1回目と2回目の折り幅を同じにすると、
縁まで厚くしっかり仕上がります。バッグの袋口などに。
薄手で透ける布の場合は、裁ち端が目立たないメリットもあります。

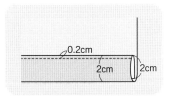

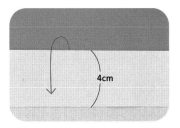

1　できあがり線に沿って布を折り（ここでは4cm）、アイロンで押さえる。

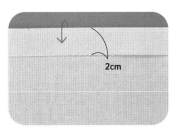

2　折り目を開き、端から2cmのところで折り、アイロンで押さえる。

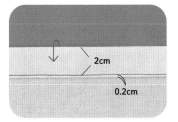

3　アイロンでつけた2本の折り目で三つ折りにし、折り山に端ミシンをかける。

薄くきれいに仕上がる
割り伏せ縫い

縫い代を割ってからさらに内側に折り込み、布端を隠す方法。
薄くきれいに仕上がります。

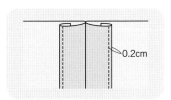

1　2枚の布を中表に合わせ、できあがり線で縫い合わせる。

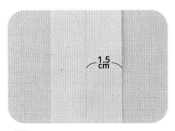

2　布を開いて縫い代（ここでは1.5cm）を割り、アイロンで押さえる。

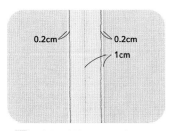

3　左右の布端をそれぞれ約0.5cmずつ内側に折り込んでアイロンで押さえ、折り山に端ミシンをかける。表側に2本の縫い目が出る。

用語をcheck

端ミシン…できあがり線の折り山から0.2cmくらいのところにかけるステッチ。

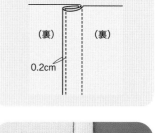

丈夫に仕上がる
折り伏せ縫い

縫い代の片方をカットし、もう一方でくるむ方法。
丈夫に仕上がるので、頻繁に洗濯するものにも向いています。

1 2枚の布を中表に合わせ、できあがり線で縫い合わせる。

2 縫い代の片側を半分の幅にカットする。

1枚だけカット

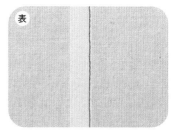

3 カットした縫い代をもう片方の縫い代でくるむように折り、アイロンで押さえる。

4 布を開いて縫い代をカットした側へ倒し、アイロンで押さえる。

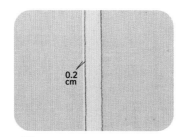

5 倒した縫い代の折り山に端ミシンをかける。

0.2cm

6 表側に1本の縫い目が出る。

表

表側に縫い目が出ない
袋縫い

布端を縫い代の中に隠す方法です。
表側に縫い目が出ないのできれいに仕上がります。
1枚仕立てのバッグの脇などに。

(裏) (裏)

表
できあがり線

1 2枚の布を外表に合わせ、縫い代の幅の半分より外側を縫う。

表
できあがり線

2 縫い線で折り、アイロンで押さえる。

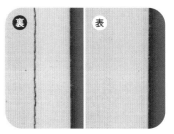

裏 表

3 布を両側に開いて中表に合わせ、できあがり線を縫う。表側に縫い目が出ない仕上がりになる。

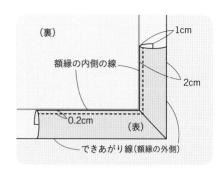

(裏)
1cm
額縁の内側の線
2cm
0.2cm
(表)
できあがり線(額縁の外側)

クロスやマットの縁に

額縁縫い

角の縫い代の接ぎ目が45°になるように縫い合わせる方法。
幅の広い縁どりがアクセントになります。

ミシン縫い

布端の始末

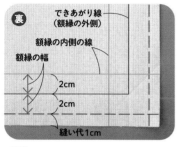

裏
できあがり線
(額縁の外側)
額縁の内側の線
額縁の幅
2cm
2cm
縫い代1cm

1 布にできあがり線(額縁の外側)を引き、その線の両側に額縁の幅(ここでは2cm)の線(緑の線と破線)を引く。できあがり線と破線で折り、アイロンで押さえてから広げる。

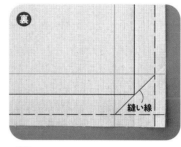

裏
縫い線

2 図のように斜め45°の縫い線を引く。

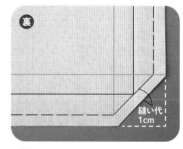

裏
縫い代
1cm

3 縫い線に縫い代を1cmつけて角をカットする。

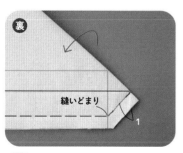

裏
縫いどまり
1

3 角を中表に合わせて対角線で折り、2の縫い線(青の線)を縫う(長辺側は縫いどまり)。

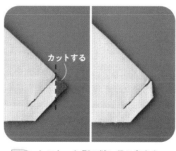

カットする

4 わになった側の縫い代の角をカットする。

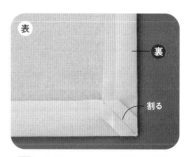

表
裏
割る

5 布を開いてできあがり線で折り、縫い代を割る。

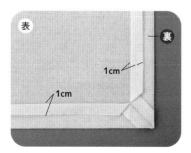

表
裏
1cm
1cm

6 内側の縫い代1cmを折る。

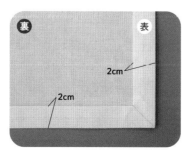

裏
表
2cm
2cm

7 布を表に返して、アイロンで整える。

8 縫い代の縁をぐるりと縫う(P.166のフロアマットの場合は、写真のように表布を外表に挟んで縫っている)。

布の返し方のキホン

角を返す　きっちりした角を作る返し方です。

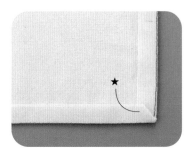

1　2枚の布を中表に合わせて縫い、角の縫い代を45°でカットする。

2　布を返したとき、表側（前面）になるほうへ縫い代を2枚一緒に倒し、アイロンで押さえる（➡P.54）。

3　②の角の中に手を入れ、親指と人さし指で縫い代の角（★）を押さえたまま表に返す。

4　内側に入っている部分は、縫い目に目打ちを深く刺し、おこすようにして角を出す。目打ちの先端だけを使って布をほつれさせないように注意。

5　角がきれいに出たらアイロンで押さえて整える。

カーブを返す　きれいな丸みを作る返し方です。

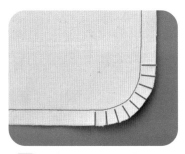

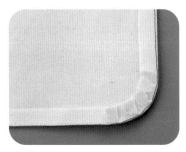

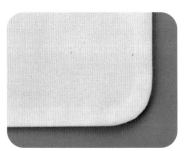

1　2枚の布を中表に合わせて縫う。カーブ部分の縫い代は、縫い目に対して垂直になるように、縫い目の0.1cm手前まで細かく切り込みを入れる。

2　布を返したときに表側（前面）になるほうへ縫い代を2枚一緒に倒し、アイロンで押さえる（➡P.54）。カーブがきれいに出るように、切り込みを入れたところの布が均等に重なるように折る。

3　表に返し、内側に入っている部分は、縫い目に目打ちを深く刺し、おこすようにしてカーブを出し、アイロンで整える。

返し口から表に返す

2枚の布を中表に合わせて縫い、表に返す場合、返し口を残して縫い合わせ、返し口から表に返します。
返し口は、コの字とじ（→P.75）でとじます。

1 返し口を残して縫う。返し口の両側では忘れずに返し縫いをする。

2 縫い代を倒し、アイロンで押さえる（→P.54）。場所によっては縫い代を割ってアイロンで押さえる（→P.54）。

3 返し口から表に返し、アイロンで形を整える。返し口はコの字とじ（→P.75）でとじる。

さらに一手間かけてきれいに

返し口をいったん縫ってからほどく方法

返し口が目立つ場所にある場合のほか、
返し口がカーブの場合もきれいに仕上がります。

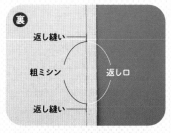

1 返し口の手前で返し縫いをし、針目を大きくして返し口に粗ミシン（→P.50）をかけ、終わりに再び返し縫いをして、続きを縫う。

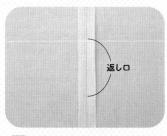

2 縫い代を割り、アイロンで押さえる（→P.54）。

3 目打ちやリッパーで粗ミシン部分をほどく。

4 ほどいた縫い目にきっちりと折り線がついている。

5 表に返し、返し口をアイロンで整え、コの字とじ（→P.75）でとじる。

返し口がカーブの場合にもおすすめ

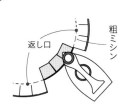

返し口に粗ミシンをかけて縫い代に切り込みを入れ、アイロンで倒してカーブの形を整えてから、返し口の縫い目をほどく。

バイアステープのキホン

バイアステープってなに？

バイアステープとは布を斜め45°に裁って作られたテープのこと。縫い代の始末や、デザインとしての縁どりなどに使います。伸縮性があるので、カーブ部分にもよくフィットします。市販品も多くありますが、手作りすることもできます。

バイアステープで縁取りしたところ。カーブもしわがよらず、きれい。

バイアスに裁たなかったテープは伸縮性がないので、カーブ部分でしわが寄ってしまう。

バイアステープの種類

表に見せない縫い代の始末に
両折れタイプ

布の両端を内側に折っているタイプのバイアステープです。縫い代の始末に使う場合は、表からバイアステープが見えないように縫いつけます。

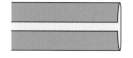 

（裏）

表に見せる縁どりに
縁どりタイプ

両端の布端を内側に折り、さらに中心で折っているタイプのバイアステープです。縁どりとして布端をくるむように縫いつけます。

 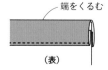

端をくるむ

（表）

自分で作れば作品との相性もぴったり

作品と同じ布で縁どりしたいときや、
市販品で合う色が見つからないときなどはバイアステープを手作りしてみましょう。

布の裁ち方

バイアステープを作る場合は、正バイアス（布目に対して斜め45°）で布を裁って作ります。右図のようにある程度の大きさの布を使って長く裁ったほうがつなぎ合わせる手間が少なくてすみます。

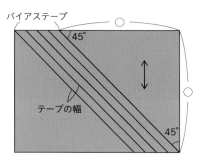

バイアステープ
45°
テープの幅
45°

方眼定規の45°の角度に合わせて線を引くと簡単。

必要な
テープの幅

両折れタイプ
Aの2倍

A＝
できあがり幅

縁どりタイプ
Bの4倍

B＝
できあがり幅

手作りバイアステープのキホン

バイアステープの作り方

1 テープを作ります

細く裁った布をテープメーカーに通し、アイロンで押さえるだけで作れます。

テープメーカー
→P.7

1 布の端をテープメーカーに通し、目打ちを使って布を送り、先端を出す。

2 テープメーカーを引きながら、アイロンで布を押さえる。

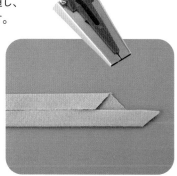

3 両折れタイプのテープができた。

2 テープをつないで好みの長さにします

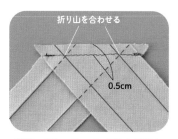

折り山を合わせる

0.5cm

1 2枚のテープの折り山が端から0.5cm内側でつながるように中表に合わせて縫う。

カット

カット

2 テープを開いてアイロンで縫い代を割り、上下にはみ出した三角形の部分をカットする。

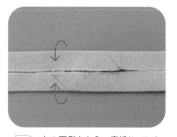

3 布の両側をもう一度折り、アイロンで押さえる。

テープの角を合わせるのはNG!

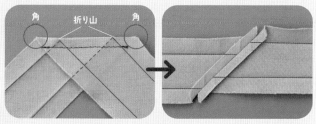

角　折り山　角

テープの端の角を合わせて縫うと、開いたときに折り山の線が上下にずれてきれいにつながらなくなってしまう。

テープメーカがないときは？

テープの幅(→P.60)にカットした布の中央にできあがり幅の厚紙を置き、両端を折ってアイロンで押さえる。

できあがり幅の厚紙

バイアステープの縫いつけ方のキホン

直線に縫いつける

縁どりをするときは、布の裏側にバイアステープを縫いつけ、布端をくるんだあとに表側から縫うと端ミシンを外す失敗を防げます。

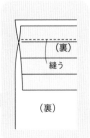
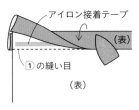
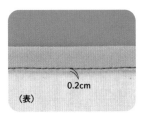

1 布の裏側にバイアステープを図のように重ねて縫う。布をくるむ際のゆとりをもたせるため、バイアステープの端から1/4の位置の折り目より、やや布端側を縫う。

2 バイアステープを縫い目からおこし、布端をくるむ。バイアステープの折り目で表側に折り、①の縫い目がぎりぎり隠れるように重ね、アイロン接着テープで仮どめする。

3 布の表側からバイアステープに端ミシンをかける。

カーブに縫いつける

基本は直線に縫いつける場合と同じですが、カーブをくるむときはバイアステープをのばさないように注意。

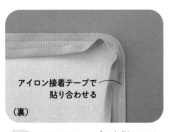
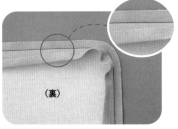
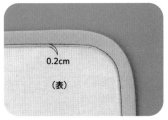

1 バイアステープの表側にアイロン接着テープを貼り、布の裏側の縫い代にカーブに沿うように重ねて貼り、仮どめする。

2 布をくるむ際のゆとりをもたせるため、バイアステープの端から1/4の位置の折り目より、やや布端側を縫う。

3 バイアステープをおこし、布端をくるむ。布の表側からバイアステープに端ミシンをかける。

| 知っておきたい |

表に縫い目を出したくないときの方法

手縫いの場合は

まつり縫い

布の表側に、バイアステープを中表に重ねてミシンで縫い、布端をくるんだあと、裏側でまつり縫い（→P.75）をする。

目立たず丈夫に

落としミシン

布の表側にバイアステープを中表に重ね、ミシンで縫う。テープで布端をくるんだあと、表側から落としミシン（→P.173）をかける。

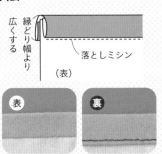

テープのきわの下に縫い目がくる。

テープが縫われた状態になる。

輪にして縫いつける

バイアステープを一周ぐるりと輪にして縫いつける場合の、縫い始めと縫い終わりのつなぎ方です。

簡単な仕上げ方

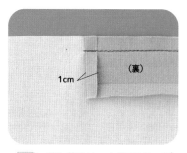

1 縫い始めは、バイアステープを約1cm裏側へ折り返して縫う。

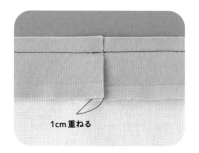

2 縫い終わりは、バイアステープを長めに残しておき、縫い始めの折り返し部分に約1cm重なるようにカットして縫う。

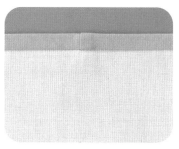

3 P.62を参照してくるむ。寸法を合わせるのは簡単だが、接ぎ目に厚みが出てはっきりわかる仕上がりになる。

縫い代の厚みを分散する仕上げ方 ※バイアステープを長めに用意しておく。

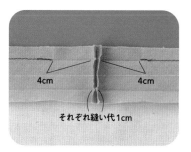

1 縫い始めと縫い終わりは、テープの端から両側それぞれ5cm程度を縫わずにおく。縫い終わりは、バイアステープを長めに残しておき、縫い始めの布端と長さを合わせてカットする。

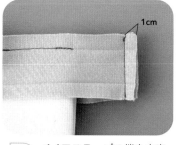

2 バイアステープの端を中表に合わせて縫う。布を一緒に縫わないように気をつける。

3 バイアステープの縫い代を開いて、アイロンで押さえる。

4 縫わずにあけておいた部分を縫う。

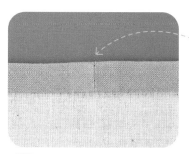

5 P.62を参照してくるむ。布の重なりがさほど目立たずすっきり仕上がる。

> バイアステープをP.61のように斜めに接ぐとさらに目立たずきれいに仕上がる。

バイアス布のアレンジパーツのキホン

パイピングテープってなに？

バッグやクッションなどの縁飾りに使われるテープ。玉縁とも呼ばれます。市販品を利用しつつ、作品に合わせた素材を使ってバイアステープでも手軽に作ることができます。

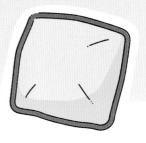

挟み込む縁飾りに

パイピングテープ

表布と裏布の間にテープを挟んで縫いつけます。
仮どめするときはアイロン接着テープ（→P.39）が便利です。

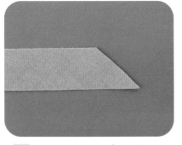

1 バイアステープを用意する。（ここでは2.5cm幅）

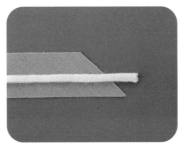

2 直径3mmの綿コードをバイアステープ（裏）の中央に重ねる。

3 綿コードをくるむようにバイアステープを二つ折りし、テープの端をアイロン接着テープで貼る。

裏布 表
綿コードが入っている側★

4 裏布（表）の縁に③のテープの布端側を沿わせるようにしてアイロン接着テープで貼る。

表布 裏

5 表布を④に重ねて中表に合わせ、できあがり線をぐるりと縫う。

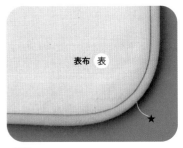

表布 表

6 表に返す。

細ループってなに？

ボタンをとめたり、フックに吊るす部分に使う細いループのこと。布をバイアスに裁つことで細い筒状の布も表に返しやすくなり、丸めてもきれいなカーブになります。

留め具や吊るすパーツに

細ループ

＊ここではできあがりの長さ約9cmの細ループで解説。

1 7cm×7cmの正方形の布を対角線で二つ折りする。

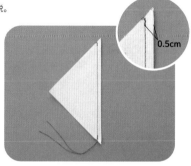

0.5cm

2 折り山から0.5cmの位置を縫う。両端は返し縫いし、終わりの糸は約10cm残して切る。

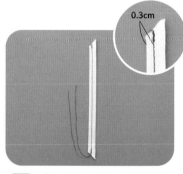

0.3cm

3 縫い目から0.3cmの位置で布をカットする。

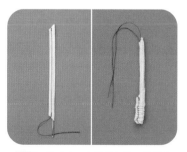

4 先の丸いとじ針に2の糸端を通し、筒状になった布の中をくぐらせて糸を引き出し、表に返す。

5 アイロンで形を整える。

6 二つ折りにし、端を並べてあとで隠れる位置を仮どめする。両端の先端を切り揃える。

Chapter 3

キルティング生地のキホン

キルティング生地ってなに?

キルティング生地は2枚の布の間にわたなどを挟んでステッチをかけた布のこと。丈夫でクッション性や保温性が高いので、バッグやポーチなどの小物やティーコゼーなどにも使われます。

市販のキルティング生地は端の処理が大事

キルティング生地はステッチの糸がほつれやすい点に注意が必要です。布を裁ったまま使うと、作業をしているうちにほつれてくることも。裁ち端はすべてジグザグミシン(➡P.54)や捨てミシン(➡P.54)をかけて布のほつれを防ぎます。

ジグザグミシン　　　　捨てミシン

市販のキルティング生地は布を裁断するとき、ステッチの糸も一緒に切ってしまうので縫い目がほつれてしまう。

好みの布で作れば
作品の幅が広がります

キルティング生地を手作り

ドミット芯　　　　表布 裏

裏布 表

1 斜めにマス目(写真は約2cm角)を引いた裏布と表布を外表に重ね、間にドミット芯(➡P.20)を挟む。

縫い始め

2 斜めのマス目に沿ってミシンで縫う。平らに広げ、一筆書きの要領で布を回しながらまんべんなく縫うときれいに縫える。

チェックなど規則的な柄がおすすめ

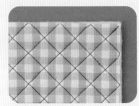

表布にチェック柄を選び、四角い柄の対角線上を縫っていけば、裏布に方眼線を描く必要もなく、手軽です。ほかにも水玉など規則的な柄なら同様に縫えます。

ファスナーつけのキホン

ファスナー押さえは大きく分けて2種類

ファスナーはミシンの押さえ金を「ファスナー押さえ」に替えて縫いつけます。ファスナー押さえは縫い位置に対して片側の布しか押さえないので、ファスナーのエレメントをかわして縫うことができます。ミシンの機種によって2種類の押さえ金があります。

ファスナーの端の処理

バッグやポーチの袋口が上部にあり、そこにファスナーをつける場合、ファスナーの上下の耳を折って仮どめします。こうすることで両脇をすっきりと仕上げられます。

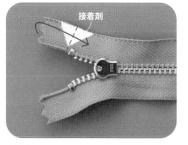

1 ファスナーの裏側に二等辺三角形の形に接着剤をつける。端を点線の位置で折る。

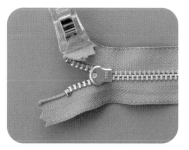

2 接着剤が乾くまでクリップで押さえる。

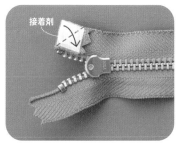

3 折った部分の上に接着剤を塗り、点線に沿って端を折る。

4 接着剤が乾くまでクリップで押さえる。

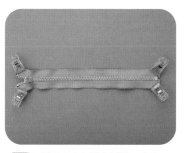

5 残りの3か所も同様にする。

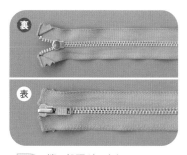

6 端の処理ができた。

端の処理の使い分け

折って始末する

上部につける場合は、両端を折って始末しておくことで縫いやすくなり、脇がすっきり仕上がる。

始末しない

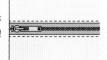

ファスナーをつける位置が平らな場合は、両端は処理をしないでOK。縫い代と一緒に裏側へ折り込める。

ミシン縫い

キルティング生地／ファスナーつけ

ファスナーの縫いつけ方

ファスナーをアイロン接着テープ(→P.39)で仮どめすることで、ずれることなく正確に縫えます。
縫い始めと縫い終わりは返し縫いを忘れずに。

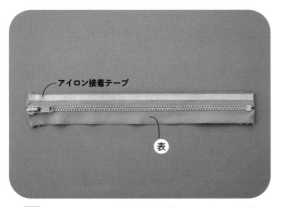

1 ファスナーの表側の端に沿ってアイロン接着テープを貼る(縫い線より外側になるように注意する)。

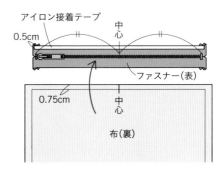

2 アイロン接着テープの剥離紙をはがし、布の表側のファスナーつけ位置に中心を合わせて中表に重ねる。

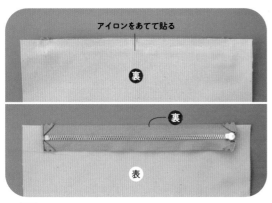

3 布の裏側からアイロンをあてて仮どめする。

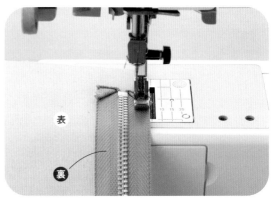

4 ミシンにファスナー押さえをセットする。この場合は、ファスナー押さえの左に針が落ちるようにセットしたところ。

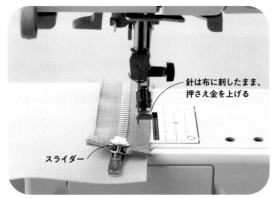

5 スライダーが近くなってきたら、途中で一度ミシンをとめて、針を刺したまま、押さえ金を上げる。

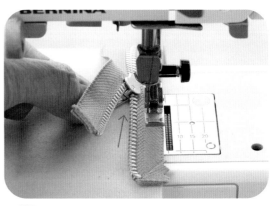

6 引き手をつまんでスライダーを針の後ろに移動させ、押さえ金を下ろす。

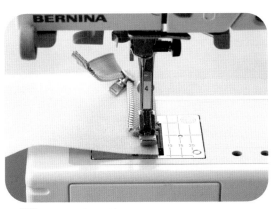

7 続けて端まで縫う。

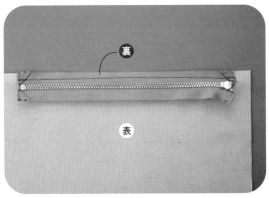

8 ファスナーテープの片側を縫ったところ。

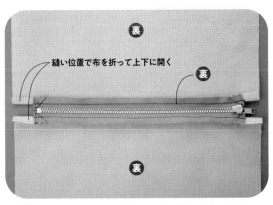

縫い位置で布を折って上下に開く

9 ファスナーの反対側も同様に縫い、縫い位置で布を折ってアイロンで押さえる。

10 布を表にして折り山をアイロンで押さえ、ファスナーつけ位置のきわを縫う。

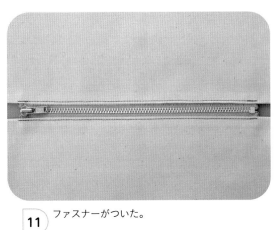

11 ファスナーがついた。

縫い代が0.75cmの理由

3号ファスナーの場合

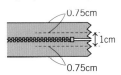

ファスナーつけ位置は端からの距離ではなく、エレメントの中心から考えます。本書で使用した3号ファスナーのテープ幅は2.5cm。中心を1cmあけて縫うので、両端の縫い代は0.75cmになります。そのため、布の縫い代も0.75cmで揃えると、端どうしを合わせて、まっすぐ縫うことができます。

トラブル解決！

こんなときはどうするの？

縫い始めの糸がからまる！

縫い始めの糸がからまるのは上糸のたるみが原因。縫い始めには右の2点に注意しましょう。縫い終わりにもそれぞれ位置を確認する習慣を。

解決方法 1

上糸のかかった天びんが上がっていることを確認する。

解決方法 2

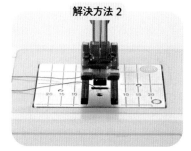

上糸と下糸を揃えて真横からやや後ろ側へ引き出しておく。

バッグの袋口などを筒状に縫うときは、縫い始めの糸始末をしておく

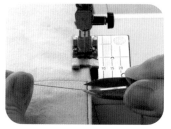

1 縫い終わりが近づいたらミシンを止め、縫い始めの糸端を上下ともにカットする。

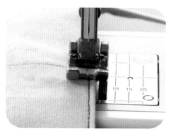

2 続けて縫い終わりまで縫って、縫い目を重ねて返し縫い。

3 糸を絡めることなく、すっきり仕上がる。

地縫いの途中で糸がなくなった！

糸がなくなったところで余分な糸を切ります。新しく糸をセットしたら、少し戻ったところ（約2cm）で返し縫いをして、そのまま縫い進めます。

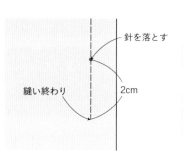

針を落とす

縫い終わり

2cm

1 縫い終わりの糸の余分をカットする。少し戻ったところ（約2cm）にあらたに針を落とす。

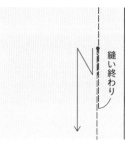

縫い終わり

2 縫い始めで返し縫いをして、そのまま縫い進める。

縫い目をほどきたい！

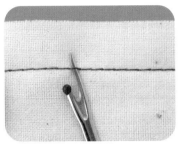

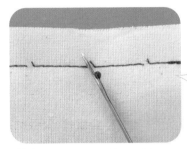

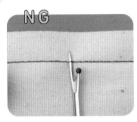

NG

リッパーを立てたままだと布を刺して穴をあけるリスクが。

1 リッパー（→P.11）を縫い目に入れる。刃で布を切らないように横向きに寝かせて入れる。

2 刃をおこして縫い目を切る。これを数目おきにくり返してほどく範囲の糸を切る。

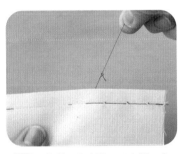

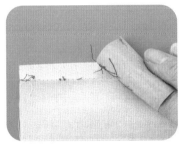

縫い合わせた目をほどくには

布と布との間を広げながらリッパーを入れて縫い目をカットするとスムーズ。

3 裏側の糸を引いて表側の糸を抜く。

4 残った糸くずはガムテープなどで取り除く。

端ミシン（→P.54）が曲がった！

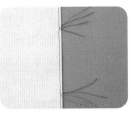

曲がった部分

中央の縫い目を切る

1 縫い目が曲がってしまったところ。

2 曲がった部分の中央の縫い目だけをリッパーで切り、糸を抜いてほどく。両側の糸端は残しておく。

3 曲がった部分を新たに縫う。返し縫いはせず、残っている目に重ならないように縫う。縫い始めと縫い終わりの糸端を長めに残しておく。

4 3の糸を針に通し、縫い目の針穴から布の裏に引き出して糸を切る。

こんなときはどうするの？

縫い合わせの縫い目が曲がった！

「縫い代を割る」（→P.54）ときの縫い目

できあがり線の外側（縫い代側）、内側のどちらに曲がっても縫い目をほどきます。

縫い目が曲がったところ。

1 曲がった部分の縫い目をほどき、余分な糸端を切る。

重ねて返し縫い

2 もとの縫い目に重ねて縫い始める。縫い終わりももとの縫い目と重ねて縫う。

「縫い代を倒す」（→P.54）ときの縫い目

できあがり線より内側に曲がった場合は上記の「縫い代を割る」と同様に縫い直します。

できあがり線より外側（縫い代側）に縫い目が曲がったところ。

1 曲がった縫い目を残したまま、できあがり線の上を縫う。

気をつけましょう

縫い足す部分の縫い始めと縫い終わりは元の縫い目の上を少し重ねて縫い、必ず返し縫いをします。

三つ折りが厚くて縫いづらい！

脇を割り伏せ縫い（→P.55）で始末する場合の縫い代の減らし方

三つ折りしたときに布が何層にも重なる脇部分は、縫い代をカットして、針を刺しやすくします。

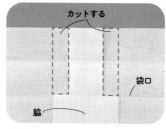

カットする

袋口

脇

1 三つ折りにしたとき、裁ち目が内側に入って隠れる部分の縫い代をカットする。

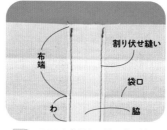

布端

割り伏せ縫い

袋口

わ

脇

2 P.55を参照して縫い代の端を割り伏せ縫いする（布をカットした部分はそのまま布端を縫う）。

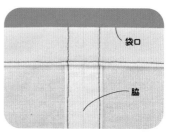

袋口

脇

3 三つ折りして縫う。縫い代の重なりが減って縫いやすくなる。

Chapter

4 手縫い

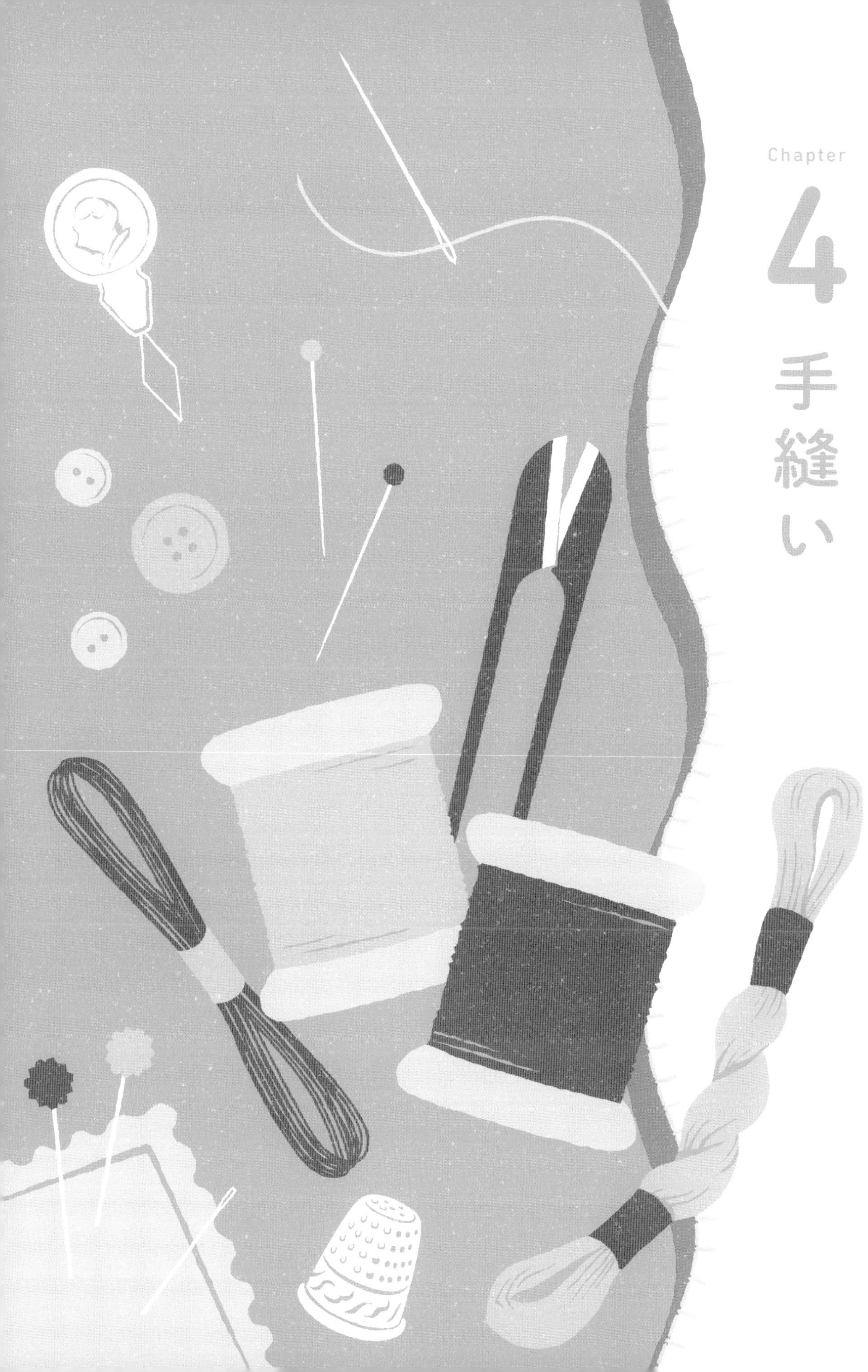

手縫いのキホン

手縫いに向いているもの

繕いもの

ちょっとしたほつれの縫い直しや裾上げなど、ミシンを出すより手軽に縫うことができます。

ボタンつけ ➡P.80

糸の引き加減を調節したいボタンつけのような作業は手縫い向き。スナップボタンや革の持ち手つけなども。

縫う手仕事

装飾のための刺繍やアップリケ、刺し子やパッチワーク、和裁なども、基本的には手縫いで行います。

手縫い用の針と糸

針 ➡P.8

最初に揃えるなら、洋裁用のメリケン針がおすすめ。直線縫いに向く長い針と、まつり縫いなどに向く短い針の両方があると便利。

ダルマ家庭糸 #30
100m 細口
手縫糸 30/3 綿100%
COL きなり
日本製
横田株式会社

糸 ➡P.8

手縫い糸と表示された専用の糸を選びましょう。万能なのはポリエステル糸。強度があり、いろいろな場面で使えます。

知っておきたい

手縫い糸とミシン糸は糸の撚りの方向が違います

糸は細い糸を複数本、撚り合わせて1本にしています。手縫い糸は縫う作業をスムーズにするために、右手に針を持って縫う動きに合わせて糸がよじれにくい右撚り（S撚り）になっています。ちなみにミシン糸は左撚り（Z撚り）。これはミシンの縫う動きに合わせた撚り方で、もつれや糸切れを防ぎます。

手縫い糸

右撚り（S撚り）

ミシン糸

左撚り（Z撚り）

 ミシン糸を手縫いで使うことはできないの？

 できます。その場合は絡まりにくくなるように糸を短めにして使いましょう。ただし、手縫い糸をミシンには使えません。

手縫いのキホン
並縫い

1針3〜4mmを目安にし、等間隔で縫います。表側も裏側も一定の縫い目になるのが特徴。手縫いの基本の縫い方です。

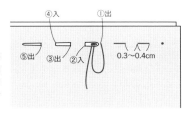

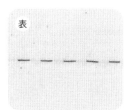
表

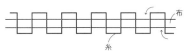

目立ちにくい
まつり縫い（たてまつり）

折り山のすぐ下に針を出し、真上の表布を小さくすくいます（折り山に垂直に糸が渡るようにする）。まつり縫いの中でも縫い目が目立ちにくい方法です。

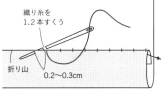

表

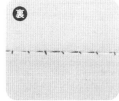
裏

返し口をとじるなら
コの字とじ

縫い代の折り山をつき合わせ、コの字になるように交互に小さくすくっていきます。糸を引くと縫い目は見えなくなります。

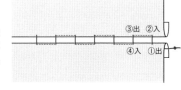

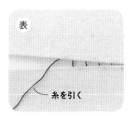
表

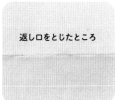
返し口をとじたところ

薄い布に
半返し縫い

0.5針戻ったところに針を入れ、1.5針分先に針を出すのをくり返す縫い方。並縫いより丈夫なうえ、やわらかい縫い目に仕上がるので、薄い布に適しています。

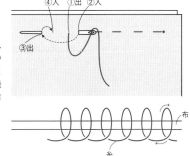

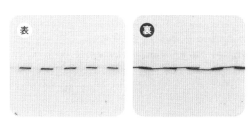
表
裏

ミシンのような縫い目
本返し縫い

1針戻ったところに針を入れ、2針分先に針を出すのをくり返す縫い方。表から見るとミシンの縫い目のようになり、丈夫に仕上がります。

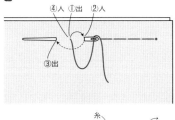

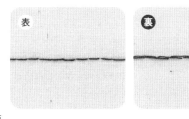
表
裏

縫い方の順序のキホン

縫う前の下準備

針に糸を通す

よく使うのはこれ!
1本どり

玉結び

針に通した糸の片方の糸端に玉結びを作って縫うのが1本どり。

丈夫に仕上げるときはこれ!
2本どり

玉結び

針に通した糸の両端を合わせ、2本一緒に玉結びを作って縫うのが2本どり。

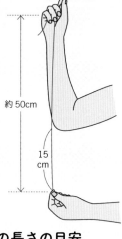

約50cm

15
cm

糸の長さの目安

糸を通した針を手に持ったとき、糸端がひじ下15cmくらいにくる長さが目安です。あまり長すぎると、縫ったとき糸を一度で引ききれず、絡まりやすくなります。

玉結びを作る

糸端に結び玉を作り、縫い始めの糸が布から抜けないようにするのが玉結び。
針に糸を通すときは、糸先を斜めにカットすれば通しやすくなります。

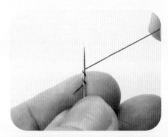

1 針に糸を通し、長い方の糸端を人さし指にのせて針で押さえ、1、2回針に巻きつける。

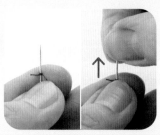

2 巻いた部分を下に寄せて親指で押さえ、針を引き抜く。

3 玉結びができた。

1 縫い始めは、1針分「返し縫い」をする

▶1本どりの場合

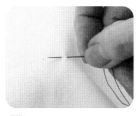

1) 布を1針すくい、針を引き抜く。

2) 玉結びでとまるまで、糸をゆっくり引く。

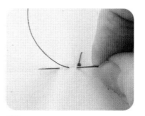

3) ①と同じところに針を入れ、2針分の長さをすくう。

4) 返し縫いができた。これで縫った糸がほどけにくくなる。

▶2本どりの場合

1) 針に糸を通し、糸の両端を揃えて玉結びをする。

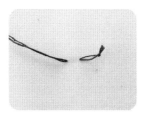

2) 布を1針すくい、針を引き抜く。

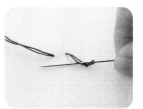

3) 続けて糸のループに針を通す。

4) 糸を引いて、縫い始めをしっかり固定する。

2 縫い進める

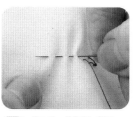

1) 数目分、等間隔で縫う。

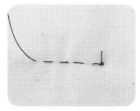

2) 糸を引いて整える。これをくり返す。

知っておきたい

糸こきをして布のつれを防ぎます

15cmくらい縫ったら、両手の親指と人さし指で糸をしごいて縫い目を整えます。これを「糸こき」といい、2〜3回くり返すことで縫い縮みが解消し、布のつれを防ぎます。

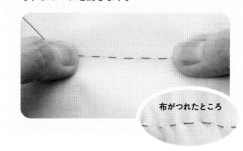

布がつれたところ

3 縫い終わりに玉どめを作る

1) 縫い終わりは糸こきをし、針を縫い目に対して垂直にして押さえ、糸を2〜3回針に巻きつける。

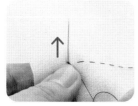

2) 巻いたところを親指で押さえ、針を引き抜く。これで玉どめができる。

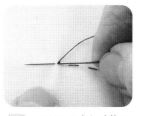

3) 玉どめの少し手前に戻って、もう一度針を入れてすくい、返し縫いをする。

4) 糸をカットする。

こんなときはどうするの？

途中で糸がなくなってしまった

糸がなくなったほうの縫い終わりは、可能であれば玉どめをする。玉どめができなくても、新しい糸で2～3目重なるようにして縫い始めれば大丈夫。

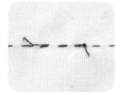

縫い目をほどきたい

目打ちで縫い目をすくって糸を引き抜く。手縫いの場合は糸をほどきやすいので、縫い間違えても手軽に直すことができる。

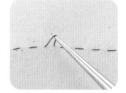

糸が短すぎて玉どめできない

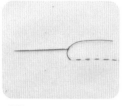

1 縫い終わり。残り糸が短く、針に糸を巻けない。

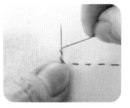

2 針から糸を抜き、玉どめ（→P.77）の要領で針に糸端を巻く。

3 針に糸を通し、そのまま糸を引き抜く。

4 玉どめができた。

▶ さらに短いときは

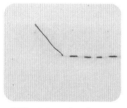

1 糸端がギリギリになるまで縫い、針をはずす。

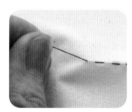

2 軽く糸を引く。

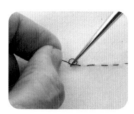

3 結び目をゆるく作り、布がつらないように糸こき（→P.77）をする。糸輪の中に目打ちを入れ、輪の位置がずれないように押さえて、糸を引く。

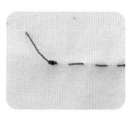

4 布との間にすき間ができないように結び目を締め、糸を切る。

まつり縫いの玉どめをきれいに隠したい

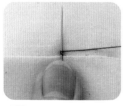

1 縫い終わりの位置に玉どめをする。糸は針に通したままにする。

2 折り山と布の間に針を入れ、少し先に針を出す。

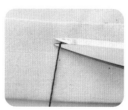

3 糸端を引いて折り山の下へ玉どめを引き込み、糸を布のきわでカットする。

4 玉どめも糸端も布の裏側に入り、目立たなくなる。

スナップボタンのキホン

スナップボタンってナニ？

ボタンホールを作らずにとめることができるスナップボタン。凸型と凹型のパーツを合わせて固定します。穴を開けたくないおしゃれ着や小物類に。

スナップボタン

スナップボタンのつけ方

凸型

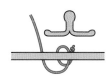

1 玉結びを作り、1針返し縫いをしてスナップボタンつけ位置の縁に針を出す。

布をすくう

2 布をすくって針を穴から引き抜く。

3 2と同じ位置に針を入れて穴から引き出し、針に糸を左からかける。

4 針を引き抜き、スナップボタンの外側に糸を引き締める。

5 2〜4をくり返し、1つの穴が終わったら布をすくって次の穴に移動し、同様に縫いつける。最後はスナップボタンのきわで玉どめする。

6 スナップボタンと布の間に針を通し、玉どめを引き込んで糸を切る。

凹型

穴の位置を45°回転させて凸型と同じ手順でつける。こうすると、開閉時の摩擦による糸のダメージを防ぐことができる。

手縫い

スナップボタン

ボタンつけのキホン

2つ穴ボタン・4つ穴ボタン

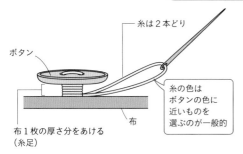

糸は2本どり
ボタン
糸の色は
ボタンの色に
近いものを
選ぶのが一般的
布1枚の厚さ分をあける
（糸足）
布

ボタンつけ用の丈夫な専用糸や手縫い糸を2本どりして
縫いつけるのが基本です。
縫いつけるときはボタンと布の間（糸足）に
重ねる布の厚さ分のすき間をあけてとめやすくします。

2つ穴ボタン

4つ穴ボタン

＊つけ方はどちらも同じです

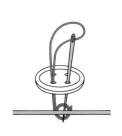

布

1 糸は2本どりにし、玉結びを作って布の表側から針を入れる。1針返し縫いをする。

2 針をボタン穴の裏から表に出す。隣の穴に針を入れ、布の裏に針を出す。

布の厚さ分を
あける

糸足

3 布の厚さ分ボタンを布から離しながら、2組の穴に交互に、2〜3回ずつ糸を通す。糸を割らないよう注意。

4 糸足の長さを整え、糸を上から下にすき間なく巻きつける。つけ根部分に針を刺し、反対側に引き抜く。

5 逆方向からも刺し、これを3回くらいくり返す。

6 最後は糸をきつく引き、根元で糸をカットする。

4つ穴ボタンのつけ方をおしゃれにアレンジ

クロス

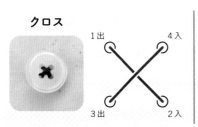

1出　　　4入

3出　　　2入

スクエア

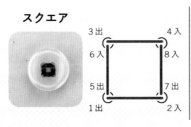

3出　　　4入
6入　　　8入
5出　　　7入
1出　　　2入

千鳥足

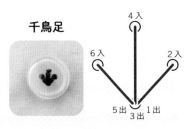

4入
6入　　　2入
5出　1入
3出

足つきボタン

ボタンに足がある分、布との間にすき間ができるので、
最後に糸を巻きつける工程は不要です。

布

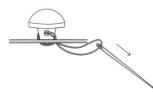

1 糸は2本どりにし、玉結びを作って布の表側から針を入れる。1針返し縫いをしてボタンの穴に針を通し、布の裏に出す。

2 布の裏から針を入れ、針を表に出してボタンの穴に通す。これを2〜3回くり返す。糸を割らないよう注意。

3 糸を引いて、ボタンの足の根元で玉どめをする。針を斜めに刺し、布の裏側に出す。

4 糸を引いて玉どめをボタンと布の間に引き込み、裏で1針返し縫いをして糸を切る。

知っておきたい

ボタンつけ糸と手作り糸巻き

ボタンつけには専用の「ボタンつけ糸」もあります。少し太めで強度があるのが特徴です。特に麻糸に軽くろうびきした「ツレデ糸」は摩擦に強く丈夫なため、スーツやコートなどのボタンつけに好まれます。

ツレデ糸のようなかせ糸(→P.173)は、糸巻きに巻いておくと使い勝手がよくなります。

糸巻きも手作りで
(→P.162)

重宝するボタンいろいろ

ボタンの素材は、貝、木、ガラス、プラスチックなどさまざまです。穴の数も2つ穴、4つ穴、足つきなど種類豊富。アクセサリー感覚で使える華やかな装飾ボタンもあります。作るものに合わせて購入するのも楽しいですが、着なくなった洋服などのボタンを捨てずにとっておくのもおすすめ。サイズやデザイン違いが多いほうが選択肢が広がり、思わぬときに役立ちます。

ボタンホールのキホン

ボタンホールの大きさは「ボタンの直径＋厚み」が目安

着脱しやすいボタンホールの大きさは、「ボタンの直径＋厚み」。たとえば、直径1cm、厚み3mmのボタンなら、ボタンホールの大きさは1.3cmになります。

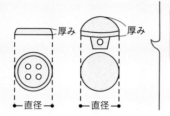

←直径→　←直径→

長さ1.3cmのボタンホールに直径1cmのボタンをはめると適度なゆるみがあるのがわかります。

ボタンホールの縫い方

ミシンでボタンホールを縫うときは、ボタンホールの縫い目機能と専用の押さえ金を使います。機種によって「右の縁→下の止め縫い（★）→バックで左の縁→上の止め縫い（☆）の順に縫う」タイプや、すべて自動で縫ってくれるタイプがあるので、縫い始める前に取扱説明書を確認しましょう。

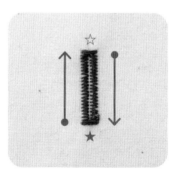

ボタンホール用の押さえ金を使います

ボタンホール用の押さえ金。押さえ部分をボタン穴の大きさに合わせて使う。

ボタンホールのあけ方

ボタンノミがおすすめですが、リッパーやカッターナイフでも代用できます。その場合はストッパーとしてまち針を使いましょう。

ボタンノミ

穴あけ専用のノミ。ノミを布に垂直にあて、上から押して切り込みを入れる。カッティングマットやゴム板を敷いて行う。

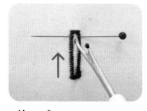

リッパー

ボタンホールの上部にまち針を刺し、リッパーを差し込み、下から上へカットする。まち針があたったところでとめる。

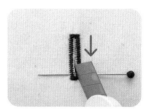

カッターナイフ

ボタンホールの下部にまち針を刺し、カッターで上から下へカットする。まち針があたったところでとめる。

ボタン使いのアイディア集

ふたの留め具に

大きめのボタンは、縫いつけるだけでふたを挟む留め具になります。ボタンホールをあけなくてもよいので簡単。

チャームに

きれいな貝ボタンや装飾が施された華やかなボタンはチャームにぴったり。アクセサリー感覚で、がまぐちの根付やストラップに使いましょう。

巾着袋のひも飾りに

二つ穴ボタンの穴にひもを通して結びます。ボタンは重すぎないものが使いやすく仕上がります。ボタンを選ぶときは、紐の直径と穴のサイズに注意。

引き手のワンポイントに

ファスナーの引き手にフラットなボタンをつけると、指でつまんで開閉しやすくなります。革やフェルト素材のボタンもおすすめ。

刺繍のキホン

刺繍用の針と糸

針

刺繍用の針は糸を通しやすいように手縫い用より穴が大きめにあいているのが特徴です。フランス刺繍針やクロスステッチ針など、刺繍の種類に合わせて使い分けます。

糸

よく使われるのは細い糸が6本撚り合わさっている「25番刺繍糸」。50cm前後の長さに切ってから1本ずつ引き出し、数本を引き揃えて使います。色数も豊富です。

ステッチサンプラー

ランニング・ステッチ

チェーン・ステッチ

3出
2入
1出

クロス・ステッチ

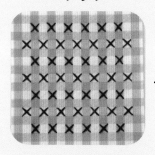
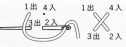

1出　4入
3出　2入
1出　4入
3出　2入

アウトライン・ステッチ

1出　3出
2入

あると便利な道具

フープ

布をピンと張って刺繍をしやすくする道具。二重になった丸い枠の間に布を挟み、ねじを締めて固定します。丸形や楕円形が一般的です。

余り糸の収納方法

専用のホルダーに収納しておくと、糸が絡まず、必要な長さを取り出しやすくなります。色番号がわかるようにラベルも合わせて保管しましょう。写真は市販の巻きとりホルダー。

糸を巻くとこんな感じ

フレンチノット・ステッチ

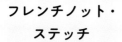
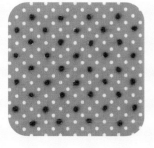

2入　1出

レゼーデージー・ステッチ

3出

1出　2入　4入

サテン・ステッチ

3出
1出
2入

ブランケット・ステッチ

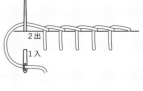

2出

1入

指ぬきのススメ

指ぬきは手縫いに使う道具のひとつ。
中指にはめて、針を当てて縫うことで力を込めやすくします。

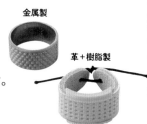

金属製

革+樹脂製

指ぬきの使い方

1 針を持つ手の中指の第一関節と第二関節の間にはめる。

2 針の頭を指ぬきに直角に当てる。

3 針を人さし指と親指で挟んで持つ。

4 針の頭を指ぬきで押しながら縫う。

指ぬきの種類は？

シンブルタイプ

リングタイプ

指ぬきには指に通して使うリングタイプと、指先にすっぽりはめて使うシンブルタイプがあります。手軽なのはリングタイプ。革製のシンブルタイプは針をどこに当てても使えるので初心者にもおすすめです。市販品もありますが、手作りすることもできます。

指ぬきを作ってみましょう

上で紹介した指ぬきの作り方です。革を型紙(または寸法図)のようにカットして縫い合わせます。

実物大
型紙

A
リングタイプ
厚みのある革で

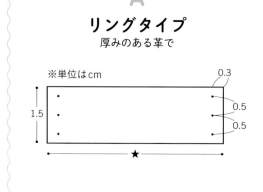

※単位はcm

0.3

0.5

0.5

1.5

★

革に目打ちで穴をあけ、両端をつき合わせ、クロス・ステッチで輪にする。
★＝中指の第一関節と第二関節の間に巻いてみて長さを決める

B
シンブルタイプ
やわらかめの革で

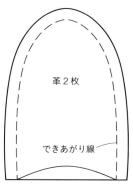

革2枚

できあがり線

革2枚を中表に合わせて縫い、表に返す。

5 バッグと小物

バッグ作りのキホン

バッグの部分名称

裏袋(裏布)
持ち手
袋口
底
内ポケット
胴／側面(表袋、表布)

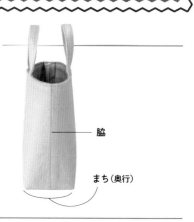

脇
まち(奥行)

代表的な袋の形

まちなし

01

フラットタイプ

まちを作らず、脇だけを縫って袋にするデザイン。エコバッグや子どものレッスンバッグなどに多い。

➡P.90

まちあり

02

切るつまみ底タイプ

つまみ底は、底の両脇をつまんでまちを作るデザイン。あらかじめ、まちをコの字に切り取って縫うと、底と脇線が垂直できれいな形に仕上がる。

➡P.90

03

Aタイプ　Bタイプ

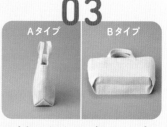

折るたたみ底タイプ
2種類

底まちを切り取らず、底を折りたたんで両脇を縫うことで、まちを作るデザイン。W型にたたむAタイプと、J型にたたむBタイプがある。

➡P.92

04

横まちタイプ

前後の胴と底を続けて裁った布に、両脇のまちを縫い合わせたデザイン。胴と底には柄の上下を気にせずに使える布地を選んで。

➡P.93

05

通しまちタイプ

前胴と後ろ胴の布に、底と両脇のまちを続けて裁った布を縫い合わせるデザイン。底の角をカーブにしたバッグや胴が円形のバッグにも。

➡P.94

06

別底タイプ

底のみ別布を縫い合わせるデザイン。バケツ形のバッグや楕円底のバッグなどによく使われる。

➡P.93

代表的な持ち手は3種類

四つ折り

布を四つ折りして端にミシンをかけた持ち手。作りやすく丈夫に仕上がる定番の形です。

→P.95

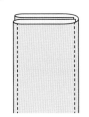

リバーシブル

2枚の布を外表に縫い合わせて作る持ち手。厚地を使う場合やリバーシブルバッグを作るときに。

→P.95

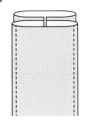

三つ折り

両端の折り山を中心で突き合わせて縫う持ち手。四つ折りより布1枚分薄く仕上がります。

→P.96

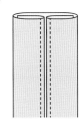

持ち手の間隔は12cm前後

持ち手つけ位置の間隔は12cm前後を目安に。手で持っても、腕や肩にかけても、袋口がたるまずきれいな形をキープできます。袋の大小や使う人の体型などによっても変わるので、仮どめをして試してから縫いましょう。持ち手は長さに少し余裕を持って裁断しておくと調整できます。

12cm

持ち手の長さと幅の目安

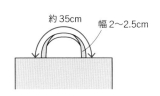

約35cm　幅2〜2.5cm

手提げ

長さ	約35cm
幅	2〜2.5cm

持ち手の幅は太すぎないほうが握りやすい。長さは、握って持つだけなら短くても構わないが、腕にかけて持つなら、35cmくらいあると使いやすい。

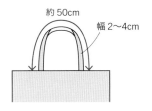

約50cm　幅2〜4cm

肩かけ

長さ	約50cm
幅	2〜4cm

幅は、容量が大きいなら少し太めに。長さは、肩にかけて腕を下ろしたとき、底に自然に手が届くくらい。厚着をする季節に使う場合はゆとりを持って少し長めに。

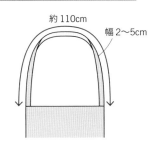

約110cm　幅2〜5cm

斜めがけ

長さ	約110cm
幅	2〜5cm

幅は袋のサイズにより変わります。長さは体型によるものの、100cm以上が目安。少し長めに作り、仮どめした状態で試着してみて、自分好みの長さに調節を。

Chapter 5

袋の作り方のキホン

01 フラットタイプ

長方形の布地で無駄なく作れます。
作品は横長ですが、
用途に応じて縦長にしても。

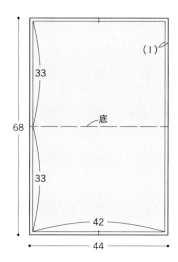

（1）

33

68

底

33

42

44

* P.90〜94の製図は、P.88で
  紹介した6種類のバッグの
  袋部分です。
* 単位はcm。（　）内は縫い代。
* 持ち手は共通のため、P.94
  の製図を参照してください。

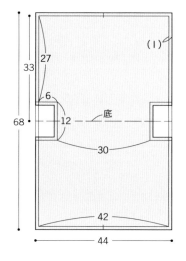

33

27

68

6

12

底

30

42

44

（1）

02 切るつまみ底タイプ

脇線と底中心を正確に垂直に合わせる
のがきれいに仕上げるコツです。

まち幅12cm

リング持ち手でグラニーバッグに

切るつまみ底タイプの袋はいろいろ
なバッグに応用できます。写真はま
ち幅12cmの袋にリング持ち手をつ
けたグラニーバッグ。袋部分は同じ
でも、持ち手のつけ方を変えると、
まったく違うバッグに変身します。

まち幅を変えてみよう！

同じ寸法の布を使っても、まち幅を変えて作るとバッグの形ががらりと変わります。
まち幅を増やすと底面積が広くなり、側面の高さが低くなります。
この法則を覚えておくと、用途に応じて自分でアレンジすることができるようになります。

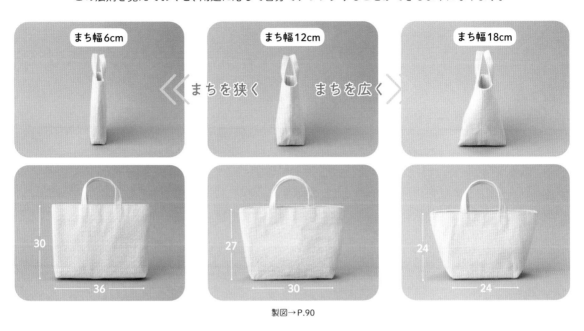

まち幅6cm　　まち幅12cm　　まち幅18cm

≪ まちを狭く　　まちを広く ≫

30　36　27　30　24　24

製図→P.90

知っておきたい

切るつまみ底の縫い方のコツ

つまみ底のまちを縫うときは、脇線と底中心をきちんと合わせるのがポイント。切るつまみ底は、まちの余り部分を先にカットしておくことで中心どうしを合わせやすくなり、まち線を正確に縫うことができます。通常は脇を上にして、できあがり線を縫います。

曲がると目立つ縞柄は、どちらから縫うか注意

ボーダー柄
脇側の縞とまち線が平行になるので、脇と底の中心を合わせたらそのまま脇を上にして、縞の線に沿ってまっすぐ縫えばOK。

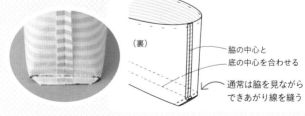

（裏）

脇の中心と
底の中心を合わせる

通常は脇を見ながら
できあがり線を縫う

ストライプ柄
底側の縞がまち線と平行になるので、底を見て縫うとよい。脇の縫い代が下になってしまうので、割った状態をキープするよう注意。

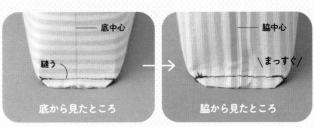

底中心
縫う
底から見たところ

脇中心
まっすぐ
脇から見たところ

03 折るたたみ底タイプ

まちを切り取らず、底をたたんで縫うだけ。
1枚仕立てのバッグにおすすめです。

A）底中心を内側にたたむ（W型）

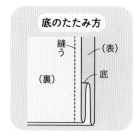

バッグの両脇に、たたんだまちが三角形に出てくる。

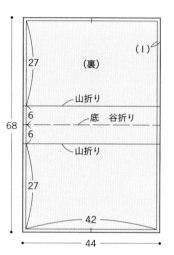

布を中表に合わせ、底部分を図のように折り、アイロンで押さえる。両脇を縫って表に返す。

B）底中心を胴側にたたむ（J型）

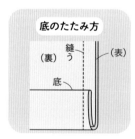

バッグの底の両脇に三角形のくぼみができる。

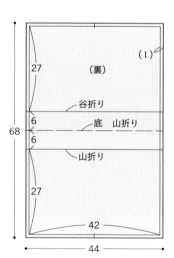

布を中表に合わせ、底部分を図のように折り、アイロンで押さえる。両脇を縫って表に返す。

04 横まちタイプ

角の縫い合わせ位置は、胴側の縫い代に切り込みを入れておきます。
まちの配色でアクセントをつけたり、脇ポケットをつけたいときに。

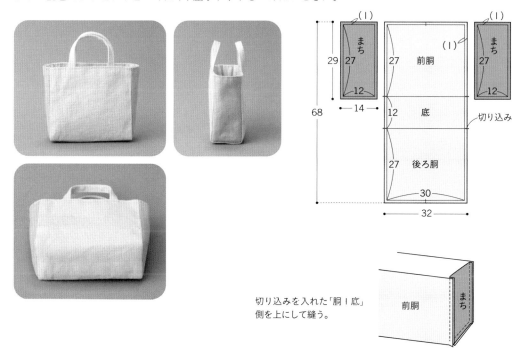

切り込みを入れた「胴＋底」
側を上にして縫う。

05 通しまちタイプ

前後の胴を1枚ずつ裁断するので、柄に上下がある布地にもおすすめ。
胴が半月形や円形のバッグにもアレンジできる形です。

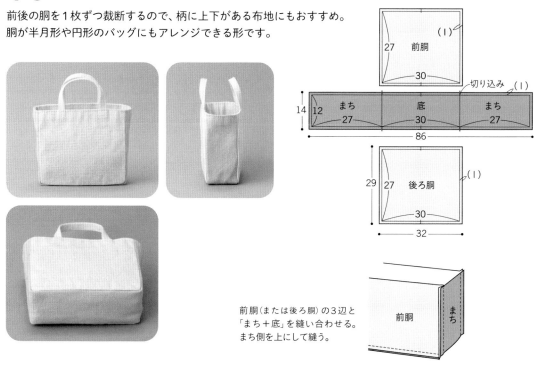

前胴（または後ろ胴）の3辺と
「まち＋底」を縫い合わせる。
まち側を上にして縫う。

06 別底タイプ

底の角との縫い合わせ位置は、筒状にした胴側の縫い代に切り込みを
入れます。用尺が足りないときの解決策にもなるデザイン。

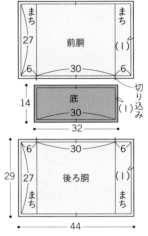

前胴
27　まち　（1）　まち
6　30　6
切り込み

底
14　30
32

後ろ胴
6　30　6
29　27　（1）
まち　まち
44

筒状の胴と底を縫い
合わせる。

前胴　まち

持ち手の製図（01～06のバッグ共通）

01～06のバッグにつけた持ち手は、すべて四つ折り持ち手（→P.95）で
2.5cm幅×30cmの長さになっています。
下記の持ち手の寸法とつけ位置はバッグをアレンジして作るときの参考にしてください。

持ち手……2枚

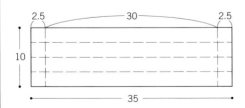

2.5　30　2.5
10
35

バッグのパーツにつける縫い代は特別な場合を除いて
1cmですが、持ち手の両端につける袋口への飲み込み分
の縫い代は、力がかかる場所なので少し多めにつけます。
こうしておくと、仮どめしてみて少し長くしたい場合にも
微調整できます。ここでは計算しやすいように「できあが
りの長さ＋5cm」と両端に2.5cmずつつけています。

持ち手つけ位置

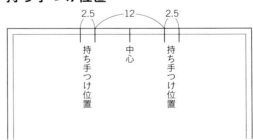

2.5　12　2.5
持ち手つけ位置　中心　持ち手つけ位置

持ち手の作り方のキホン

キホン的な持ち手
四つ折り持ち手

持ち手幅の４倍の幅の布を用意。
接着芯を貼ってのびないようにします。

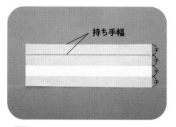

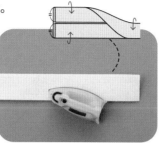

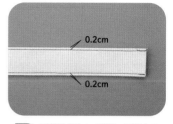

1 持ち手幅分の接着芯を貼る。薄手の布の場合は持ち手幅分の２倍を貼る。

2 四つ折りして折り山の端を合わせて、アイロンで押さえる。

3 両端をミシンで縫う。同じものを２本作る。

アレンジを楽しめる
リバーシブル持ち手

持ち手幅の２倍の幅の布を用意。
表裏で柄や厚さを変えたり、片方にテープを使ったりもできます。

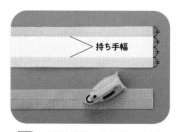

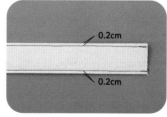

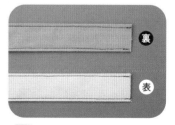

1 表側と裏側のそれぞれに持ち手幅の接着芯を中央に貼り、両端を内側にたたんでアイロンで押さえる。これを２組作る。

2 ①の布端を内側にして外表に合わせ、両端をミシンで縫う。

3 同じものを２本作る。

テープやリボンを重ねてもOK!

リバーシブル持ち手と同様に作った１本にテープやリボンを重ねて縫います。テープやリボンの幅はできあがり幅と同じか、やや細め。綾テープや持ち手テープで強度を出すなどアレンジしてみましょう。

革持ち手はカシメで固定

革の持ち手は外からつけることができます。カシメ（→P.23）で固定する方法や、針穴をあけた革の持ち手を、ろうびき糸（→P.8）を使って手縫いでつける方法もあります。

バッグと小物

袋の作り方／持ち手の作り方

三つ折り持ち手

持ち手幅の3倍の幅の布を用意。
縫い代の重なりが少なくなります。

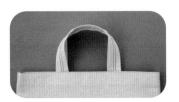

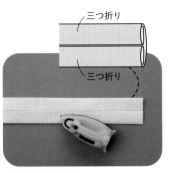

三つ折り

三つ折り

0.2cm

0.2cm

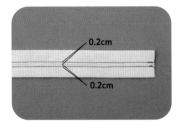

1 持ち手幅の接着芯を中央に貼る。

2 両端がそれぞれ三つ折り（→P.55）になるように内側にたたみ、折り山を中央で突き合わせ、アイロンで押さえる。

3 中央の折り山の端をそれぞれミシンで縫う。

1本持ち手はショルダーひもに!

長いショルダーひもが1本の斜めがけタイプのバッグ。
四つ折りをはじめとした基本の持ち手の幅や長さをアレンジすればOKです。

サイズを調整できるショルダーひもも作れます

ここでサイズ調整

四つ折り持ち手をひもにして、金具（→P.97）を使い、サイズ調整や取り外しができるようにします。

こんな仕組みになっています

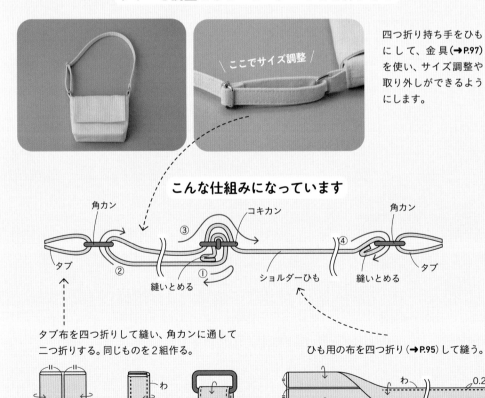

角カン

コキカン

角カン

タブ

②

縫いとめる

①

③

ショルダーひも

④

縫いとめる

タブ

タブ布を四つ折りして縫い、角カンに通して二つ折りする。同じものを2組作る。

0.2　0.2

わ

ひも用の布を四つ折り（→P.95）して縫う。

わ

0.2

0.2

・単位は cm

バッグ作りでよく使う金具、市販の持ち手はコレ！

布のバッグに専用の金属パーツや市販の持ち手をプラスすることで、
実用性やデザイン性の幅が広がります。

金具の種類

持ち手の長さを調節したり、着脱できるようにする金具です。

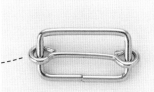

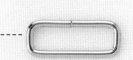

コキカン
肩ひもの長さを調節する金具。送りカン、移動カンなどとも呼ばれる。

ナスカン
着脱を手軽にできるようにする接続金具。先がフックになっていて開閉できる。

角カン
四角い形のカン。袋口につけるタブや肩ひもに通してジョイントさせる。

Dカン
D字型のカン。1辺がカーブしているので通したパーツが可動しやすくなる。

市販の持ち手の一例

持ち手やストラップにはいろいろな素材や形のものがあります。

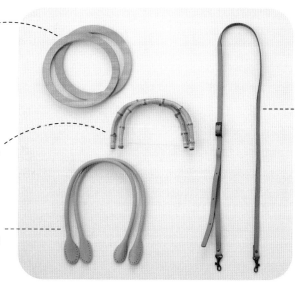

木製の丸型持ち手
口布でくるんで縫う。

竹製U型
端に穴があいていて、カンを通して袋布につける。

本革持ち手
取りつけ部分の針穴を麻糸などで縫って、袋布に縫いつける。

ナスカンつき本革ストラップ
取り外し用のナスカンがついたショルダーストラップ。

バッグのポケットのキホン

厚地に向いている
一重のポケット

布1枚で作るポケット。
厚手の布を使った1枚仕立てのバッグなどに。

1 ポケットのできあがり線に合わせて、アイロンで縫い代に折り目をつける。

2 三つ折りしたときに重なって厚みが出る縫い代を四角くカットする。

3 まず上側を折る。

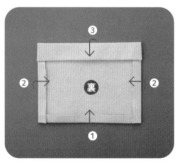

4 続けて、①下側→②両脇→③上側の順に折る。

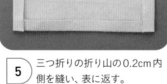

5 三つ折りの折り山の0.2cm内側を縫い、表に返す。

6 土台布のポケットつけ位置に重ね、3辺を縫う。縫い始めと縫い終わりは返し縫いをする。

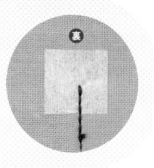

土台布に接着芯を貼らない場合は、力布（→P.174）代わりにポケット口の両側の裏側に小さく切った接着芯を貼っておくとよい。

きれいに仕上がる
二重のポケット

布を二つ折りして縫うため、薄手の布でもしっかりする。
縫い代が内側に隠れるので表裏ともすっきり。

1 布を裁ち、ポケットの表側に
なる面の裏に接着芯を貼る。

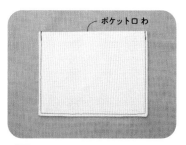

2 中表に二つ折りし、返し口を
残してできあがり線を縫う。
角をカットし、縫い代を倒してアイ
ロンで押さえ、返し口から表に返す。

3 アイロンで形を整えてから、
土台布のポケットつけ位置
に重ね、3辺を縫う。ポケット口は
返し縫いをする。

二重のポケットをアレンジ
ファスナーつきポケット

ポケット口にファスナーをつけたデザイン。
中に入れたものがこぼれにくく便利。

1 上記の二重のポケットを②
まで作り、アイロンで形を整
えてからファスナーを縫いつける。
（ファスナーつけ➡P.68）

2 土台布のポケットつけ位置に
ポケットの底を上にして中表
に重ね、ファスナーのもう1辺を縫
う。

3 ポケットを下へ倒し、3辺を
縫う。縫い始めと縫い終わり
は返し縫いをする。

見返しに挟んでつける
吊るしポケット

バッグの袋口からぶら下がるようにつけるポケット。
1枚仕立てのバックの袋口に。

袋口の見返しにポケッ
トの上側の縫い代を挟
んで縫う。

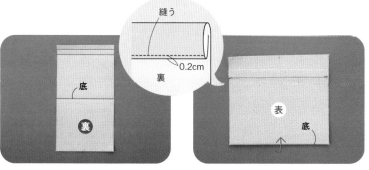

1 ポケットのできあがり線に合
わせて、アイロンで縫い代に
折り目をつける。

2 ポケット口の上側を三つ折り
して折り山の端から0.2cm
内側を縫い、外表に二つ折りする。

3 両脇の裁ち端を綾テープな
どでくるんで縫う。

バッグと小物

バッグのポケット

99

作ってみたい暮らしの小物

Chapter1〜5で紹介した材料や技法を使って、
毎日使う小物を作ってみましょう。

| おでかけ小物 >> P.101 | おうち小物 >> P.133 |

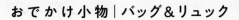

おでかけ小物｜バッグ＆リュック

1枚仕立てのフラットバッグ

Point

まちのないフラットなバッグです。
裏袋をつけない
シンプルな1枚仕立て。
その代わり、脇の縫い代は
ひと手間かけて袋縫いで仕上げれば
洗濯にも強く、
エコバッグとしても大活躍。

1枚仕立ての
フラットバッグ

材料
表布（リネン無地／カーキ）……40×80cm

できあがりサイズ
幅30cm×高さ35cm（持ち手含まず）

持ち手は三つ折りの端と袋口の上下
2か所を縫いつけるからしっかり固
定されます。

製図 ・単位はcm

裁ち方 ・（　）内は縫い代

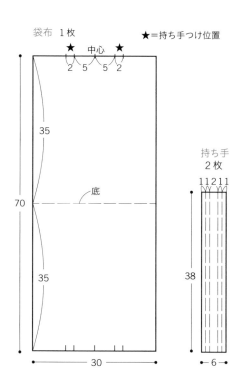

袋布　1枚　　★＝持ち手つけ位置

★　中心　★
2　5　5　2

35

70

底

35

持ち手
2枚
1 1 2 1 1

38

30　　6

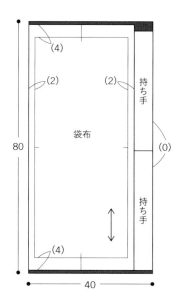

（4）
（2）　（2）
持ち手
袋布
（0）
80
持ち手
（4）
40

1 | 布を裁つ

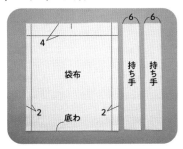

1 できあがり線の印（青線）をつけ、袋布には縫い代をつけて布を裁つ。

2 | 持ち手を作る

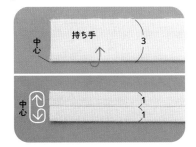

2 持ち手を中心で二つ折りし、アイロンで押さえてから開く。両側をそれぞれ1cm幅の三つ折りにして中心で折り山を突き合わせる。

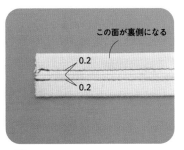

3 中心の折り山から0.2cmのところをそれぞれ縫う。同様にして2本作る。

3 | 両脇を縫う（袋縫い ➡ P.56）

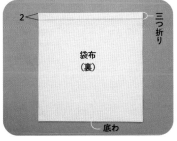

4 袋布を底で中表に二つ折りして、袋口をそれぞれ裏側に三つ折りし、アイロンで押さえる。

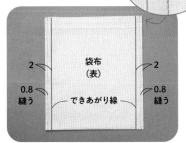

5 袋口の三つ折りを一度開き、袋布を外表に合わせて両脇を縫う。縫い位置は縫い代の半分よりやや外側（布端から0.8cmが目安）。
（袋縫い➡P.56）

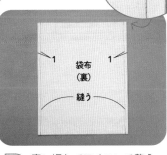

6 裏に返してアイロンで整え、両脇のできあがり線を縫う。このとき、内側の布端を一緒に縫わないように注意する。

4 | 持ち手を仮どめする

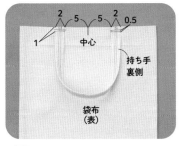

7 表に返し、袋口の縫い代に持ち手をミシンで何度か返し縫いして仮どめする。

5 | 袋口を縫う

8 裏に返して袋口を三つ折りし、持ち手をおこしてアイロンで押さえる。折り山から0.2cm内側を縫い、表に返す。

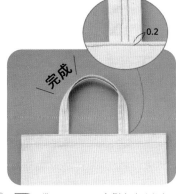

9 袋口の0.2cm内側をぐるりと縫う。

内ポケットつき
トートバッグ

作り方 ➡P.106

Point

裏袋に内ポケットをつけた
切るつまみ底タイプ(➡P.90)の
ベーシックなトートバッグ。
この形をマスターすれば、
いろいろなデザインのバッグに
応用できます。
底をわでとるので、上下のない柄を選んで。

吊るし＆外ポケットつき
トートバッグ

作り方 ➡ P.108

Point

目の詰んだパラフィン加工の布を使い、
底は布を2枚重ね、底板を入れた丈夫なバッグ。
裏袋をつけない1枚仕立てなので、
縫い代は割り伏せ縫い(➡P.55)や
テープで始末します。
見返しから吊るす内ポケットと、
持ち手に挟んでつける外ポケットつき。

内ポケットつき トートバッグ

材料
表布（刺繍入りデニム／黒地に水玉の刺繍）……60×70cm
裏布（リネン無地／黄緑）……65×70cm
接着芯（薄手不織布タイプ）……45×85cm

できあがりサイズ
幅28（底）／40（袋口）×高さ26×まち12cm

製図 ・単位はcm

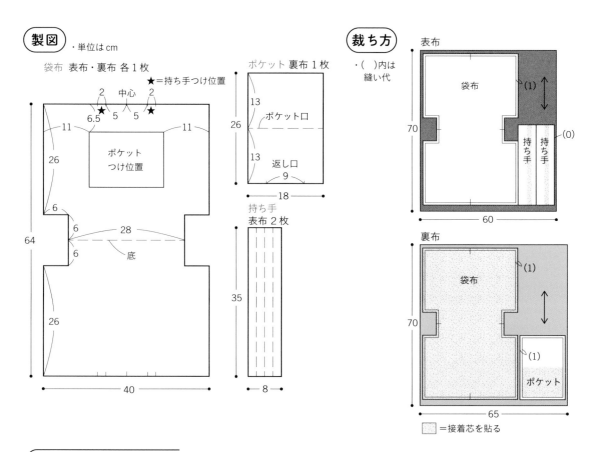

裁ち方
・（ ）内は縫い代

□=接着芯を貼る

1｜ポケットを作る

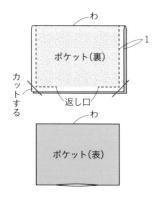

①ポケットを中表に二つ折りして縫い、
　返し口から表に返して形を整える（→P.58）

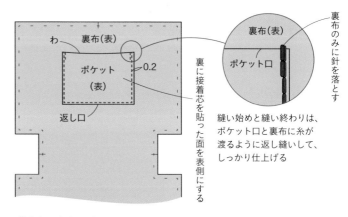

②袋布の裏布にポケットをつける

2 | 袋布を縫う

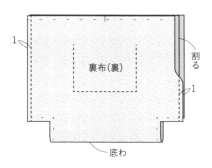

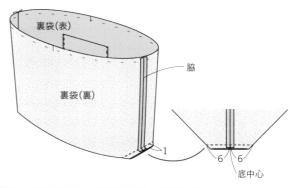

①裏布を中表に二つ折りし、両脇を縫い、
　縫い代を割る

②脇と底中心を合わせてまちを縫い、裏袋を作る
　（表布も同様に縫って表袋を作る）

3 | 持ち手を縫う

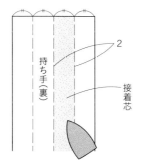

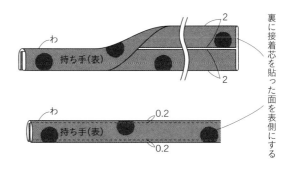

①持ち手は、できあがり部分の裏に
　接着芯を貼る

②持ち手を四つ折りし、両端を縫う。
　同様にして2本作る

4 | 仕上げる

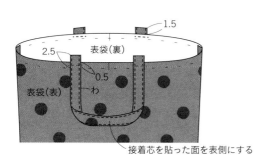

①表袋を表に返し、袋口の縫い代に、持ち手を
　中表に重ねて仮どめする

②表袋と裏袋の袋口をそれぞれ折り、表袋の中に裏袋を重ね入れ、
　袋口をぐるりと一周縫う

吊るし&外ポケットつき
トートバッグ

材料
A布（綿厚織79号／生成り）……70×80cm
B布（綿厚織79号／マスタード）……70×100cm
綾テープ……2cm幅×40cm
マグネットホック（直径14mm）……1組
底板用芯（ベルポーレン／1.5mm厚）……30×15cm

できあがりサイズ
幅30（底）／45（袋口）×高さ27.5×まち15cm

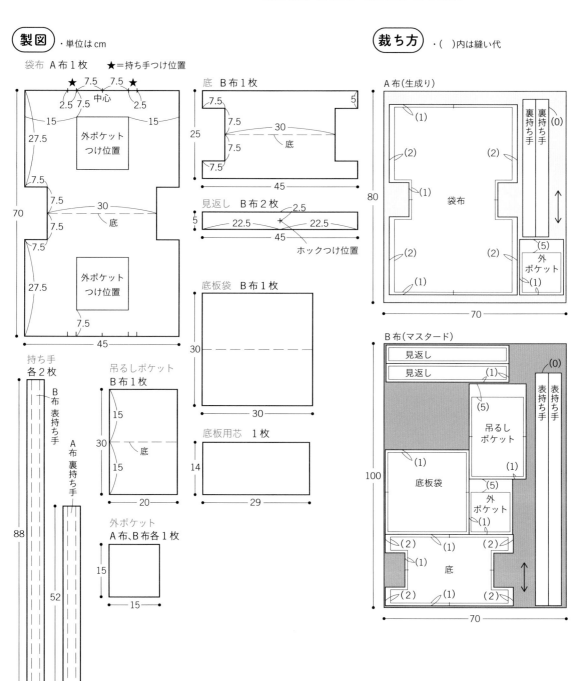

1 | ポケットを作る

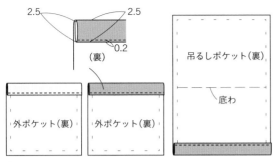

①ポケット口をそれぞれ三つ折りして縫う

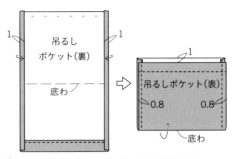

②吊るしポケットの両脇の縫い代を内側に折り、
　底で二つ折りにして縫う

2 | 持ち手を作る

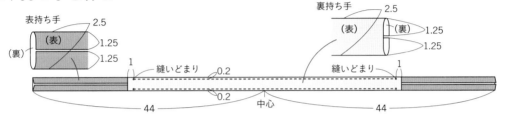

持ち手を上図のように折り、中心を合わせて表持ち手と裏持ち手を外表に重ね、両端を縫いどまりまで縫う。
同様にして2本作る

3 | ポケットと持ち手を縫う

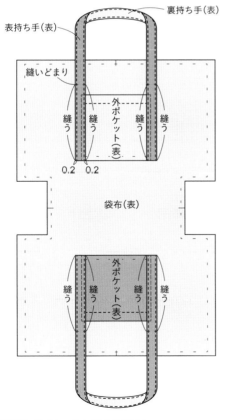

①袋布に外ポケットと持ち手を重ね、
　ポケット両脇の持ち手の端を縫いどまりまで縫う

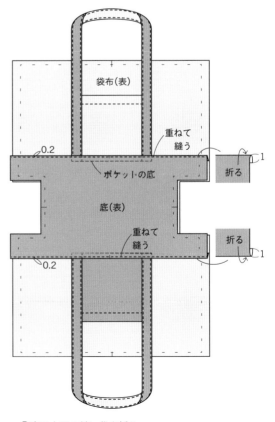

②底の上下の縫い代を折り、
　ポケットと持ち手に重ねて縫う

4 | 脇と底を縫う

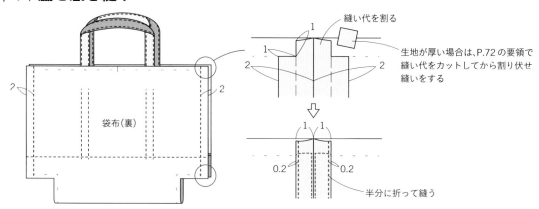

縫い代を割る

生地が厚い場合は、P.72の要領で縫い代をカットしてから割り伏せ縫いをする

1 1

0.2 0.2

半分に折って縫う

①袋布を中表に二つ折りして両脇を縫い、縫い代を割り伏せ縫い(→P.55)にする

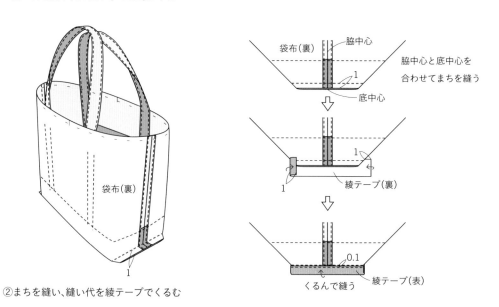

袋布(裏)

袋布(裏) 脇中心

脇中心と底中心を合わせてまちを縫う

底中心

綾テープ(裏)

0.1

くるんで縫う 綾テープ(表)

②まちを縫い、縫い代を綾テープでくるむ

5 | 見返しを縫う

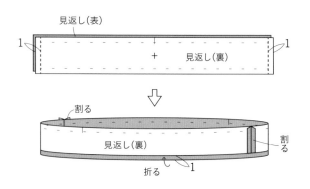

見返し(表)

1 見返し(裏) 1

+

割る

見返し(裏)

割る

折る 1

①見返しを中表に合わせて両脇を縫い、筒状にして縫い代を割り、
長辺の片側の縫い代を折る

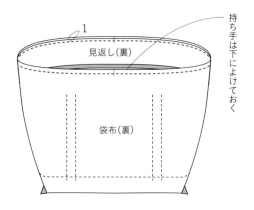

1

見返し(裏)

持ち手は下によけておく

袋布(裏)

②見返しを袋布の中に中表に重ね入れ、
両脇を合わせて袋口をぐるりと一周縫う

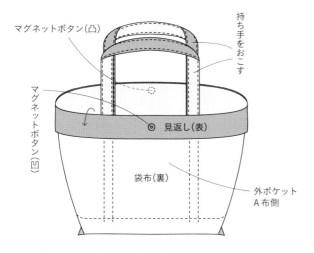

③見返しにマグネットボタン(→P.25)をつけ、
　裏側に折り返す

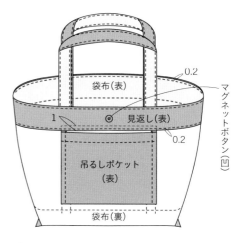

④吊るしポケットを挟んで、見返しの上下を
　それぞれぐるりと一周縫う

6 | 底板を作る

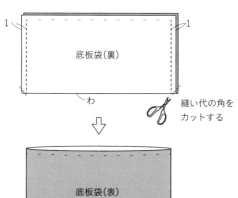

①底板袋を中表に二つ折りして両脇を縫い、
　表に返す

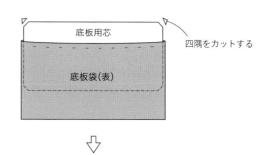

②底板袋に底板用芯を入れ、あき口の縫い代を折り込んで
　周りをぐるりと一周縫う

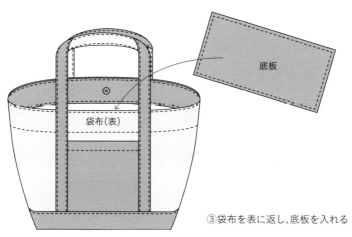

③袋布を表に返し、底板を入れる

ファスナーポケットつき トートバッグ

Point

マルチストライプの布を横地に使い、
底は裏布や持ち手と共布で。
底をわで裁つには布の寸法が
足りない場合や、柄に上下がある場合に
おすすめの布の使い方です。
同じサイズのポケットを2つ作り、
オープンポケットと
ファスナーつきポケットに。

ファスナーポケットつき
トートバッグ

材料
A布（綿マルチストライププリント）……110×50cm
B布（綿厚織79号／赤）……90×85cm
接着芯（薄手不織布タイプ）……50×120cm
革テープ……8mm幅×25cm
両面カシメ（直径5mm）……1組
20cmの3号ファスナー……1本

できあがりサイズ
幅35（底）／48（袋口）×高さ33×まち13cm

製図 ・単位はcm

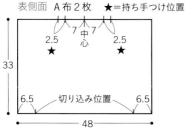

表側面　A布2枚　★＝持ち手つけ位置
7　中心　7
2.5　　　2.5
★　　★
33
6.5　切り込み位置　6.5
48

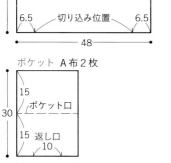

ポケット　A布2枚
15　ポケット口
30
15　返し口
10
22

裏袋
B布1枚
13　9
ポケット
つけ位置
33
6.5
6.5　35
79　6.5　底
33
ポケット
つけ位置
13
9
48

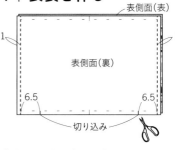

表底　B布1枚
13
35

持ち手
B布2枚
50
10

裁ち方 ・（ ）内は縫い代
・持ち手以外、縫い代はすべて1cm

A布（ストライプ柄を横地に使用）
表側面　表側面　ポケット　ポケット
50
110

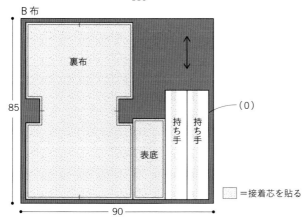

B布
裏布
持ち手　持ち手
85　表底　（0）
90

◻＝接着芯を貼る

1｜表袋を作る

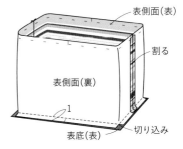

表側面（表）
1　　　　1
表側面（裏）
6.5　　　6.5
切り込み

①表側面2枚を中表に合わせて両脇を縫い、
　底の縫い代に切り込みを4か所入れる

表側面（表）
割る
表側面（裏）
1
表底（表）　切り込み

②縫い代を割って切り込み部分を開き、
　表底と中表に合わせて縫う

2 | ポケットを作る

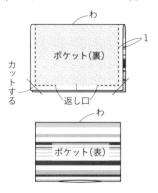

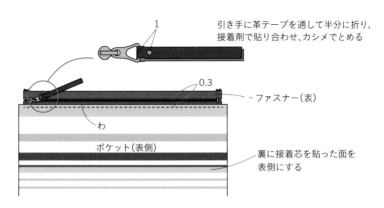

引き手に革テープを通して半分に折り、
接着剤で貼り合わせ、カシメでとめる

0.3

ファスナー(表)

わ

ポケット(裏)

カットする

返し口

わ

ポケット(表)

ポケット(表側)

裏に接着芯を貼った面を
表側にする

①ポケットを中表に二つ折りして縫い、
　返し口から表に返して形を整える。
　同じものを2枚作る

②ファスナーの両端を始末し(→P.67)、引き手飾りをつけて
　片側をポケット口に縫いつける(→P.99)

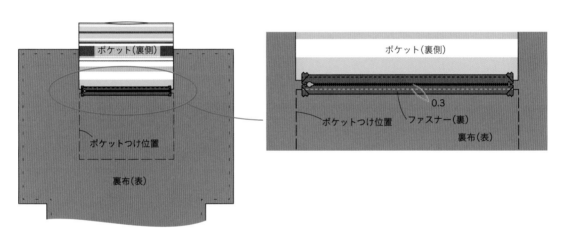

ポケット(裏側)

ポケット(裏側)

0.3

ファスナー(裏)

ポケットつけ位置

ポケットつけ位置

裏布(表)

裏布(表)

③裏布のポケットつけ位置に中表に重ね、
　ファスナーの反対側を縫う

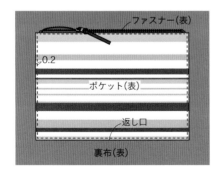

ファスナー(表)

0.2

ポケット(表)

返し口

裏布(表)

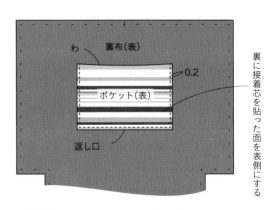

わ

裏布(表)

0.2

ポケット(表)

返し口

裏に接着芯を貼った面を表側にする

④ポケットを表に倒してファスナーのエレメントが
　真上を向くように整え、3辺を縫う

⑤裏布の反対側の面にもう1枚のポケット
　(オープンポケット)を縫いつける

3 | 裏袋を作る

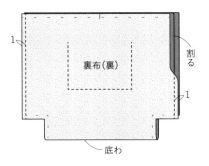

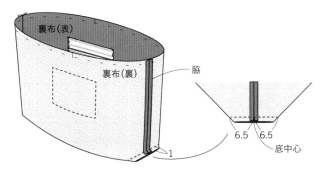

①裏布を中表に二つ折りして両脇を縫い、
縫い代を割る

②脇と底中心を合わせてまちを縫う

4 | 持ち手を縫う

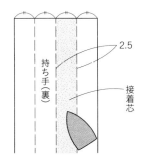

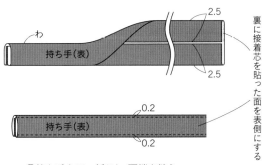

①持ち手は、できあがり部分の裏に
接着芯を貼る

②持ち手を四つ折りし、両端を縫う。
同様にして2本作る

5 | 仕上げる

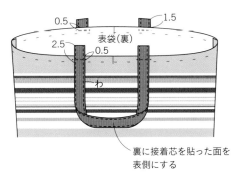

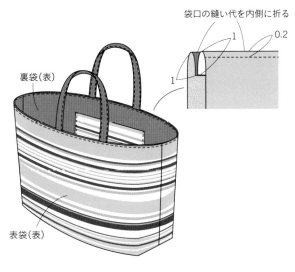

①表袋を表に返し、袋口の縫い代に、
持ち手を中表に重ねて仮どめする

②表袋と裏袋の袋口の縫い代をそれぞれ折り、
表袋の中に裏袋を重ね入れ、袋口をぐるりと一周縫う

巾着リュック

Point

リネン帆布を使った1枚仕立てのリュック。
横地に取って布の耳をそのまま袋口に使い、
底まちをたたんで両脇をまっすぐ縫うだけ。
袋口に等間隔でハトメをつけて
底にも紐を通せばリュックに、
袋口だけに通せば巾着にもなります。

巾着リュック

材料
表布（リネン帆布）……40×94cm（作品は94cm幅の生地を使用）
ハトメ（#23 内径0.9cm）……14組
綿ロープ……直径4mm×3m

できあがりサイズ
幅38×高さ41×まち12cm

製図 ・単位はcm
・（ ）内は縫い代

袋布 1枚

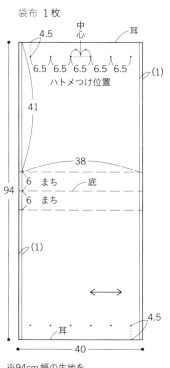

中心
耳
4.5
6.5 6.5 6.5 6.5 6.5
ハトメつけ位置
（1）
41
38
6 まち
底
6 まち
94
（1）
耳
4.5
40

※94cm幅の生地を
端までいっぱいに使い、
袋口は布の耳をそのまま使う

1｜袋を作る

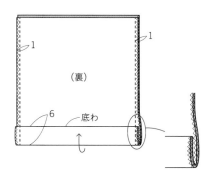

耳
ジグザグミシン
（裏）
底わ

1 1
（裏）
6
底わ

①両脇の裁ち目にジグザグミシンまたはロックミシンをかけ、
　中表に二つ折りし、底まちをたたんで両脇を縫う

2｜ハトメをつける

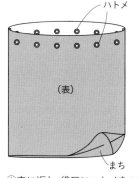
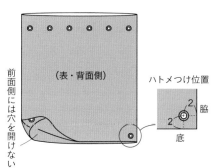

ハトメ
（表）
まち

前面側には穴を開けない
（表・背面側）
ハトメつけ位置
2 脇
2
底

①表に返し、袋口にハトメをつける　　②背面側の底（2枚分）にハトメをつける

3｜綿ロープを通す

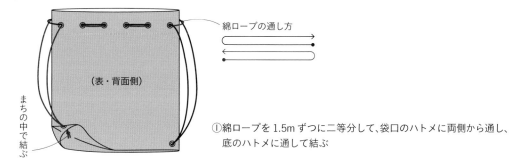

綿ロープの通し方

（表・背面側）

まちの中で結ぶ

①綿ロープを1.5mずつに二等分して、袋口のハトメに両側から通し、
　底のハトメに通して結ぶ

巾着ポーチ

作り方 ➡ P.120

Point

小物収納や整理に便利な巾着ポーチ。
紐通し位置を少し下に作ることで
袋口にボリュームのあるかわいいフォルムに。
薄手の布でも表布に接着芯を貼ることで
物を詰めても型崩れしにくくなります。

A

B

フラットファスナー
ポーチ2種

作り方 ➡ A…P.122
　　　　B…P.124

Point

必要な布の寸法は同じで、
ファスナー位置を変えたポーチ2種。
ファスナーの両端の始末の方法も違います。
きれいに仕上げるコツは、仮どめをきちんとすること。
共布のタブと引き手をつけて、開閉をスムーズに。
タブに紐を通せばサコッシュとしても使えます。

巾着ポーチ

材料
表布（綿プリント／白地に茶の縞とグリーンの水玉）……25×70cm
裏布（リネン／茶）……25×45cm
接着芯（薄手不織布タイプ）……25×70cm
紐……直径4mm×1m

できあがりサイズ
幅20×高さ26cm

製図と裁ち方　・単位は cm
　　　　　　　　　・縫い代はすべて1cm

表布　1枚
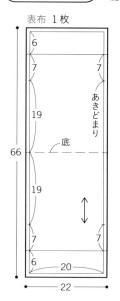

裏布　1枚
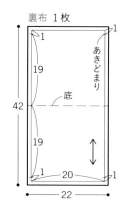

表布は全面に接着芯を貼る

---

1 | 表袋を作る

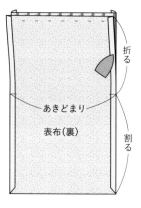

①表布を中表に二つ折りし、
　両脇をあきどまりまで縫う。
　縫い代の角をカットする

②縫い代を割り、あきどまり
　から上も同じ幅に折る

2 | 裏袋を作る

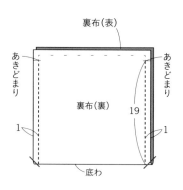

①裏布を中表に二つ折りして、両脇を
　あきどまりまで縫い、縫い代の角を
　カットして割る

3 | あきを縫う

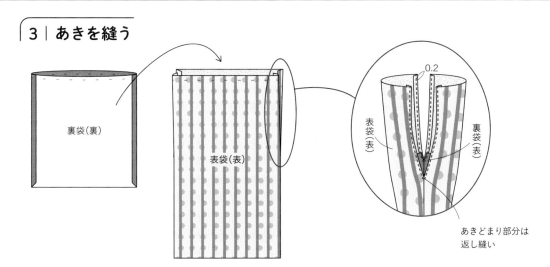

表に返した表袋の中に裏袋を重ね入れて外表に合わせ、
あき部分をコの字に縫う

4 | 紐通しを縫う

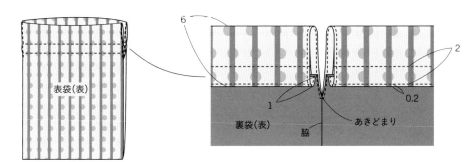

表袋の袋口を三つ折りして紐通し部分を2本縫う

5 | 紐を通す

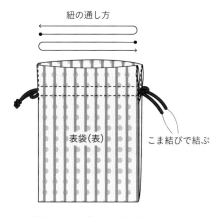

紐を50cmずつに二等分し、
両脇からそれぞれ通して結ぶ

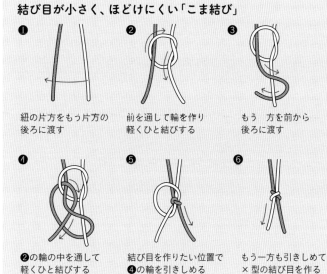

結び目が小さく、ほどけにくい「こま結び」

❶ 紐の片方をもう片方の後ろに渡す

❷ 前を通して輪を作り軽くひと結びする

❸ もう方を前から後ろに渡す

❹ ❷の輪の中を通して軽くひと結びする

❺ 結び目を作りたい位置で❹の輪を引きしめる

❻ もう一方も引きしめて×型の結び目を作る

フラットファスナーポーチ

A…トップファスナータイプ

材料
表布（綿ストライプ／白×焦茶）……30×30cm
裏布（綿ギンガムチェック／白×グレー）……30×30cm
接着芯（薄手不織布タイプ）……30×50cm
20cmの3号ファスナー……1本

できあがりサイズ
幅22×高さ13cm

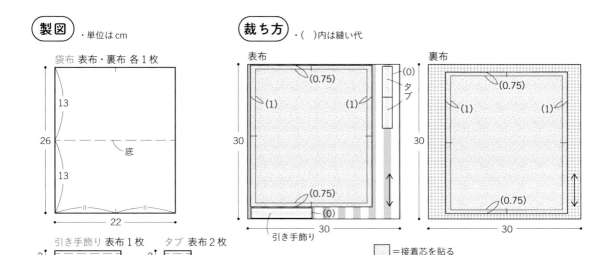

製図 ・単位はcm

裁ち方 ・( )内は縫い代

＝接着芯を貼る

1 | 引き手飾りを作る

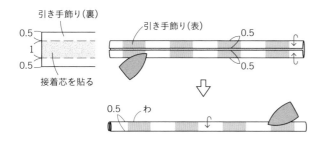

①引き手飾りを四つ折りする

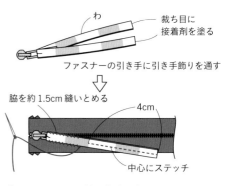

②ファスナーの両端を始末し（→P.67）、
引き手飾りをつける

2 | タブを作る

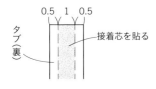

①タブの中央に接着芯を貼る

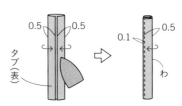

②タブを四つ折りして縫う。同様にして2本作る

3 | ファスナーをつける

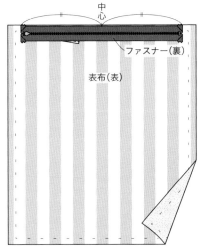

①表布にファスナーを中表に重ね、中心を合わせる

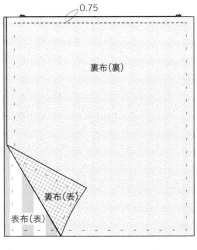

②裏布を中表に重ね、ファスナーを挟んで縫う

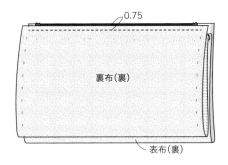

③反対側も同様に、表布とファスナーを中表に重ね、
裏布で挟んで縫う

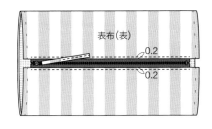

④脇から表に返し、ファスナーのきわを縫う

4 | 袋布を縫う

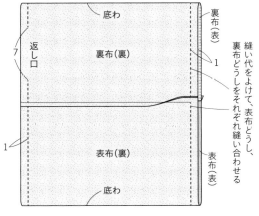

①再度裏返し、表布と裏布それぞれ底で中表に二つ折りし、
両脇を縫う(裏布は返し口を残す)。ファスナーはあけておく

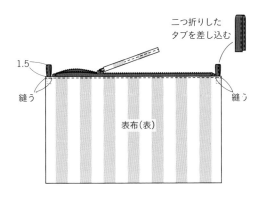

②返し口から表に返し、形を整えて返し口を
コの字とじ(→P.75)でとじ、ファスナーの
両脇にタブを差し込んで縫う

フラットファスナーポーチ
B…サイドファスナータイプ

材料

表布（綿ストライプ／白×淡緑）……30×30cm
裏布（綿ギンガムチェック／白×焦茶）……30×30cm
接着芯（薄手不織布タイプ）……30×50cm
20cmの3号ファスナー……1本

できあがりサイズ

幅22×高さ13cm

製図 ・単位はcm

袋布 表布・裏布 各1枚

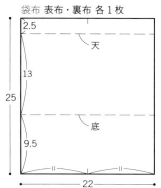

引き手飾り 表布1枚

2 | 12

タブ 表布2枚

2 | 6

裁ち方 ・（　）内は縫い代

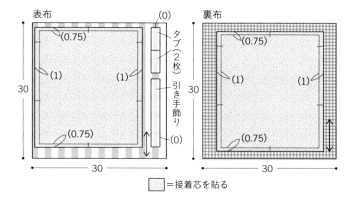

□=接着芯を貼る

1｜引き手飾りとタブを作る

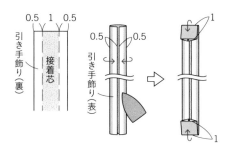

①引き手飾りのできあがり部分の裏に
　接着芯を貼り、両端を折る

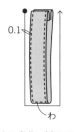

②さらに半分に折り、3辺を縫う

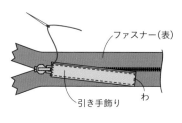

③ファスナーの引き手にかぶせて、
　まつりつける

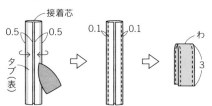

④タブにも①と同様に接着芯を貼る。両端を折って、
　折り山を縫い、二つに折る。同様にして2本作る

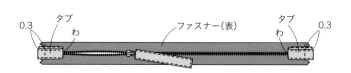

⑤タブをファスナーの両端に仮どめする

2 | ファスナーをつける

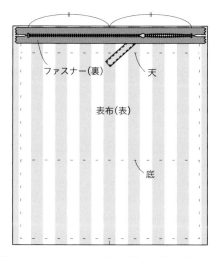

①表布にファスナーを中表に重ね、中心を合わせる

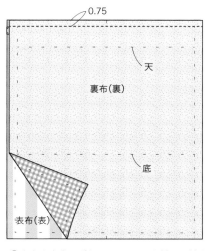

②裏布を中表に重ね、ファスナーを挟んで縫う

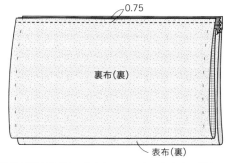

③反対側も同様に、表布とファスナーを中表に重ね、
　裏布で挟んで縫う

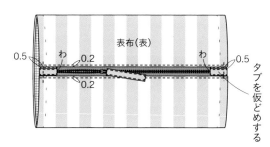

④脇から表に返し、ファスナーのきわを縫い、
　両脇の縫い代にタブを仮どめする

3 | 袋布を縫う

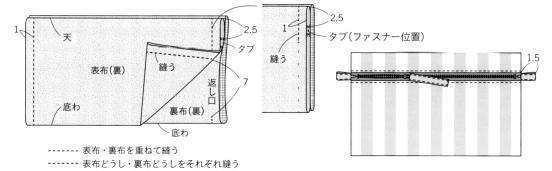

------- 表布・裏布を重ねて縫う
------- 表布どうし・裏布どうしをそれぞれ縫う

①再び裏返して表布と裏布をそれぞれ中表に合わせて、
　両脇を縫う(裏布は返し口を残す)。ファスナーはあけておく

②返し口から表に返し、形を整えて返し口を
　コの字とじ(→P.75)でとじる

ラウンドファスナーポーチ

Point

まちをぐるりとつけたボックス形のポーチ。
脇の途中までファスナーで開く
出し入れしやすい定番のデザインです。
側面の四隅のカーブと合わせる部分の
まち側の縫い代に細かく切り込みを入れてから、
合い印をきちんと合わせて縫うのが
きれいに仕上げるポイントです。

革の引き手がアクセント。
異素材の組み合わせを楽しんで。

ラウンドファスナー
ポーチ

材料
表布（綿麻プリント地／ベージュ地にからし、白の模様）……40×30cm
裏布（綿無地／からし）……40×30cm
30cmの3号ファスナー……1本
革テープ……1cm幅×12cm

できあがりサイズ
幅17×高さ11×まち5cm

製図 ・単位はcm

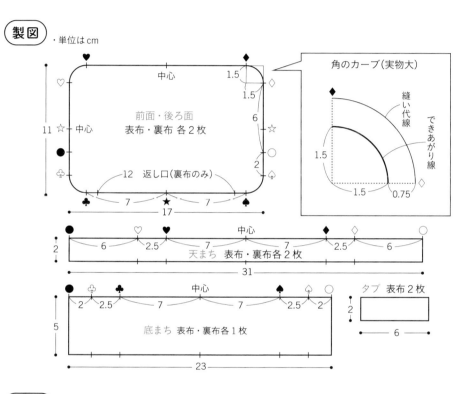

角のカーブ（実物大）

縫い代線
できあがり線

前面・後ろ面
表布・裏布 各2枚

中心 1.5
1.5
6
2
11 ☆中心
12 返し口（裏布のみ）
7 ★ 7
17

天まち 表布・裏布各2枚
6 2.5 7 中心 7 2.5 6
2
31

底まち 表布・裏布各1枚
2 2.5 7 中心 7 2.5 2
5
23

タブ 表布2枚
2
6

裁ち方 ・（ ）内は縫い代

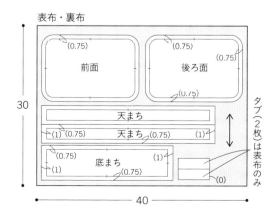

表布・裏布

30
前面 (0.75)
後ろ面 (0.75) (0.75)
天まち
(1) (0.75) 天まち (0.75) (1)
(0.75) 底まち (1)
(1) (0.75)
(0)
40
タブ（2枚）は表布のみ

1｜布を裁つ

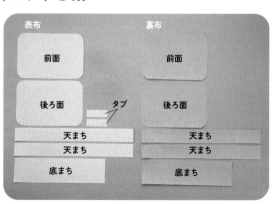

表布
前面
後ろ面 タブ
天まち
天まち
底まち

裏布
前面
後ろ面
天まち
天まち
底まち

1 できあがり線、中心の印、カーブ位置の合印などを
つけ、布を裁断する。

2 | 天まちにファスナーをつける

アイロン接着テープ

2 ファスナーの両端にアイロン接着テープ（3mm幅）を貼る。裏面にも同様に貼る。

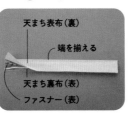

天まち表布（裏）
端を揃える
天まち裏布（表）
ファスナー（表）

3 上側のアイロン接着テープの剥離紙を剥がし、天まち表布と天まち裏布を中表に重ねて仮どめする。

0.75

4 天まち表布と天まち裏布でファスナーを挟んだ状態で縫う。

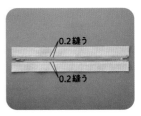

0.2縫う
0.2縫う

5 反対側のファスナーテープの端も天まち表布と天まち裏布で挟んで縫う。表に返してアイロンで押さえ、ファスナーのきわを縫う。

3 | タブを仮どめする

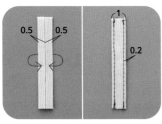

0.5 0.5
1
0.2

6 タブの両端を内側へ折り、折り山の端を縫う。同様にしてもう1枚作る。

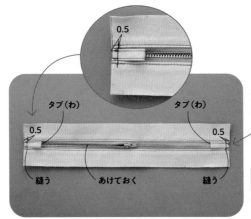

0.5
タブ（わ）　　　タブ（わ）
0.5　　　　　　　　　　　0.5
縫う　　あけておく　　縫う

0.5

7 タブを外表に二つ折りし、天まちの端から0.5cm内側に仮どめする。

4 | 天まちと底まちを縫う

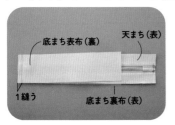

底まち表布（裏）
天まち（表）
1縫う
底まち裏布（表）

8 天まちを底まち表布と底まち裏布を中表に挟み、縫う。

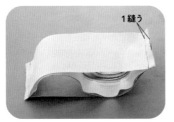

1縫う

9 反対側も同様に縫う。

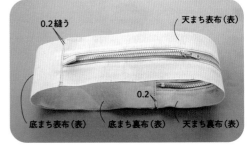

0.2縫う
天まち表布（表）
0.2
底まち表布（表）　底まち裏布（表）　天まち裏布（表）

10 縫い代を底まち側に倒してアイロンで押さえ、表に返して、まちの接ぎ目の底まち側の端を縫う。

アイロン接着テープ
底まち裏布（表）
前面表布（表）

5 | まちと前面を縫い合わせる

できあがり線ぎりぎりまで切り込みを入れる。

11 前面のカーブと縫い合わせる部分の、まちの縫い代に切り込みを入れる。

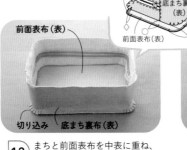

前面表布（表）
切り込み　底まち裏布（表）

12 まちと前面表布を中表に重ね、切り込みを開いて合印を合わせ、仮どめする。

0.75縫う

13 できあがり線をぐるりと縫う。↗

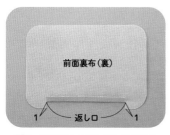

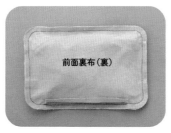

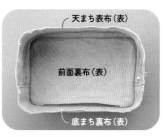

⑭ 前面裏布の返し口に切り込みを入れ、縫い代を裏側へ倒しておく。後ろ面裏布も同様に作る。

⑮ まちと前面裏布を中表に合わせて周りを仮どめし、ぐるりと一周できあがり線を縫う。

⑯ 返し口から表に返す。

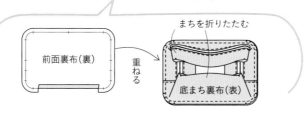

6 | まちと後ろ面を縫い合わせる

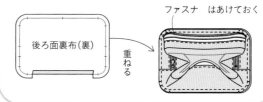

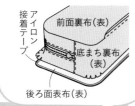

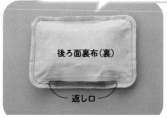

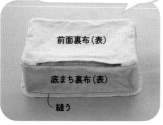

⑰ まちと後ろ面表布を中表に合わせて仮どめしてから、できあがり線をぐるりと縫う。

⑱ ⑭で作った後ろ面裏布をまちと中表に合わせ、縁まわりを仮どめしてから、ぐるりと一周縫う。

革テープを引き手に

開閉がしやすくアクセントにもなる引き手飾り。共布で作る(➡P.122)のはもちろん、革テープを使うのもおすすめ。ファスナーの引き手の穴に合わせて革テープの中央に目打ちで穴を開け、革テープを二つ折りして引き手を挟み、ろうびき糸(➡P.8)で縫います。

7 | 返し口をとじる

⑲ 表に返し、返し口2か所をコの字とじ(➡P.75)でとじる。

⑳ できあがり。

通帳ケース

Point

カード用の小さいポケットが3つと、
大きいポケットが2つついた、
便利な通帳ケース。
全体のサイズやポケットの
仕切り位置を変えれば
別の用途のケースにもアレンジ可能。
内側に薄手の布を選んで
きちんと接着芯を貼ることと、
余分な縫い代をカットすることがポイント。

通帳ケース

材料
表布（デニム／紺×白の星柄）……20×25cm
裏布（ダンガリー／紺×白のストライプ）……40×45cm
接着芯（薄手不織布タイプ）……60×45cm

できあがりサイズ
幅17.4×高さ10.5cm（たたんだところ）

製図 ・単位はcm

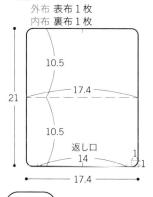

外布 表布1枚
内布 裏布1枚

21
10.5
17.4
10.5
返し口
14
1
1
17.4

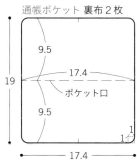

通帳ポケット 裏布2枚
19
9.5
17.4
ポケット口
9.5
1
17.4

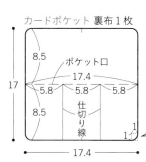

カードポケット 裏布1枚
17
8.5
ポケット口
17.4
5.8　5.8　5.8
仕切り線
8.5
1
1
17.4

角のカーブ（実物大）
1　0.75
1
縫い代線
できあがり線
全パーツの角に共通

裁ち方 ・縫い代はすべて0.75cm

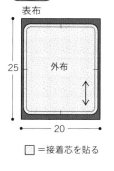

表布
25
外布
20
□＝接着芯を貼る

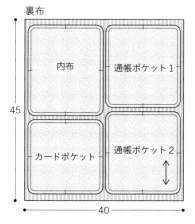

裏布
45
内布　通帳ポケット1
カードポケット　通帳ポケット2
40

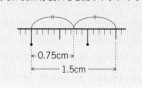

「0.75cm」の測り方
縫い代が1cmだと多すぎるけれど、0.5cmだと心もとない。そんなとき、ちょうどいいのが0.75cm。製図に使う方眼紙も、方眼定規の目盛りも5mmの真ん中が0.25cmなので、0.75cmは慣れると測りやすいのです。

0.75cm
1.5cm

1 | ポケットを作る

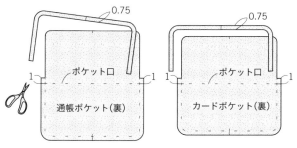

0.75
1　ポケット口　1
通帳ポケット（裏）

0.75
1　ポケット口　1
カードポケット（裏）

①上図のように通帳ポケット2枚とカードポケットの縫い代を切り取り、重なり分の厚みを減らす

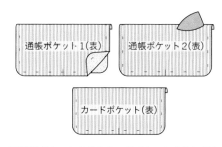

通帳ポケット1（表）　通帳ポケット2（表）

カードポケット（表）

②通帳ポケット2枚とカードポケットをそれぞれ外表にポケット口で二つ折りする

2 | ポケットを縫う

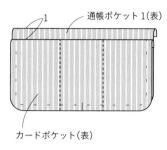

①通帳ポケット1にカードポケットを
　上図のように重ねて仕切り線2本を縫う

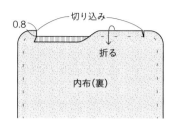

②内布の返し口の縫い代に切り込みを入れ、
　返し口の縫い代を裏側に折る

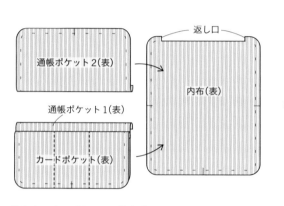

③内布の表にポケット2枚を重ねる

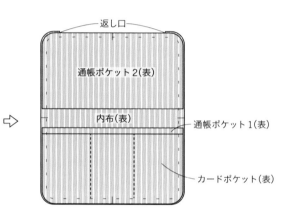

3 | 外布と合わせて縫う

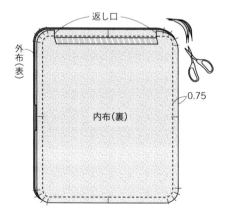

① 内布と外布を中表に重ねてぐるりと一周縫い、
　カーブ部分の縫い代幅を半分くらいにカットし、
　切り込みを入れる

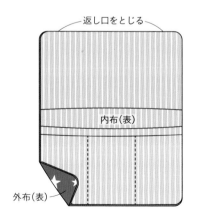

②返し口から表に返し、返し口を
　コの字とじ(→P.75)でとじる

鍋つかみ5種

Point

Aは円形、B＆Cは円錐形、Dは筒形、Eはミトン形。
表布にドミット芯を貼って、
耐熱性を持たせた鍋つかみセットです。
吊るして収納できるように細ループをつけました。

鍋つかみ
A…円形タイプ

材料
表布（綿麻プリント／黒地に白の模様）……35×20cm
裏布（麻無地／赤）……35×20cm
接着芯（薄手ドミット芯）……35×20cm

できあがりサイズ
直径13cm

製図 ・単位はcm

鍋つかみ 表布・裏布 各2枚

13
13
直径13
正円

ループ 裏布1枚
2
10

裁ち方 ・（　）内は縫い代

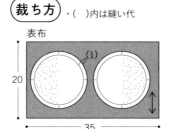

表布
20
（1）
35

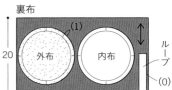

裏布
20
（1）
外布　内布
ループ
（0）
35

⬚ ＝ドミット芯を貼る

10

①P.138を参照して、
　ループを作る

ループを中心に重ねる
表布（表）　表布（表）
0.3

②表布をそれぞれ外表に二つ折りし、
　裏にドミット芯を貼った側が上になるように
　並べ、ループを重ねてぐるりと一周縫って
　仮どめする

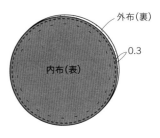

外布（裏）
内布（表）
0.3

③裏布の内布と外布を外表に合わせて、
　ぐるりと一周縫って仮どめする

内布（表）
表布（表）

④②の上に③を重ねる
　（ドミット芯を貼った側どうしを
　合わせる）

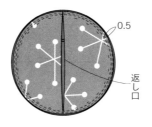

0.5
返し口

⑤布端から0.5cm内側をぐるりと
　一周縫い、返し口から表に返す

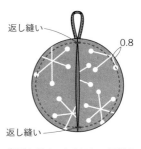

返し縫い
0.8
返し縫い

⑥形を整え、ぐるりと一周縫う

鍋つかみ
B・C…円錐形タイプ

材料 ＊B・Cセットの寸法
表布（綿麻プリント／黒地に白の模様）……25×25cm
裏布（麻無地／赤）……25×25cm
接着芯（薄手ドミット芯）……25×25cm

できあがりサイズ
B……直径9×高さ7.5cm、C……直径6×高さ5cm

製図　・単位はcm

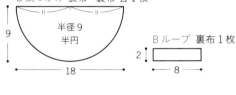
B 鍋つかみ 表布・裏布 各1枚
半径9　半円
9
18

B ループ 裏布1枚
2
8

C 鍋つかみ 表布・裏布 各1枚
半径6　半円
6
12

C ループ 裏布1枚
2
7

裁ち方　・（ ）内は縫い代

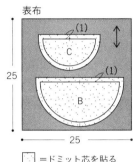
表布
（1）
C
（1）
B
25
25

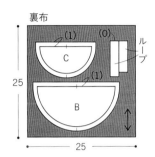
裏布
（1）　（0）
C
ループ
（1）
B
25
25

□ ＝ドミット芯を貼る

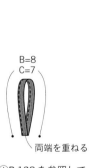
B=8
C=7
両端を重ねる

①P.138を参照して、ループを作る

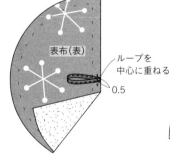
表布（表）
ループを中心に重ねる
0.5

②ループを表布の縫い代に仮どめする

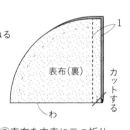
1
表布（裏）
カットする
わ

③表布を中表に二つ折りして縫い、縫い代の角をカットする

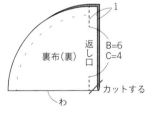
1
裏布（裏）
返し口
B=6
C=4
カットする
わ

④裏布を中表に二つ折りして返し口を残して縫い、縫い代の角をカットする

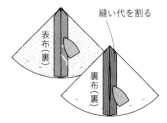
縫い代を割る
表布（裏）
裏布（裏）

⑤表布・裏布の縫い代を割り、裏布を表に返す

表布（裏）
裏布（裏）
1

⑥表布の中に、裏布を中表に合わせて重ね入れ、できあがり線でぐるりと一周縫う

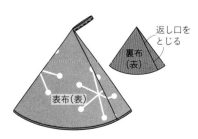
返し口をとじる
裏布（表）
表布（表）

⑦返し口から表に返し、裏布の返し口をコの字とじ（→P.75）でとじる

鍋つかみ
D…筒形タイプ

材料
表布（綿麻プリント／黒地に白の模様）……15×15cm
裏布（麻無地／赤）……18×15cm
接着芯（薄手ドミット芯）……15×15cm

できあがりサイズ
直径4×長さ12cm

製図 ・単位はcm

鍋つかみ 表布・裏布 各1枚

12

12

ループ 裏布1枚

2

7

裁ち方 ・（ ）内は縫い代

表布

（1）

15

15

裏布

（1）

ループ

（0）

18

□＝ドミット芯を貼る

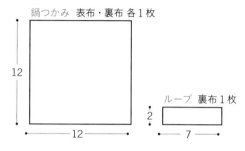

①P.138を参照して、
ループを作る

②表布と裏布を中表に合わせて
1辺のみを縫う

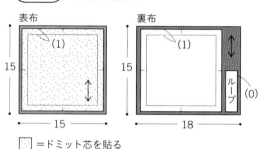

③広げて縫い代を割り、中表に二つ折りして
図のように縫う

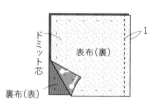

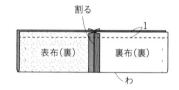

④③で縫った縫い代を割り、筒状になった
表布の中心に、ループを仮どめする

⑤表布を図のように
折りたたんで端を縫う

⑥表に返し、裏布の端の縫い代を内側に折る

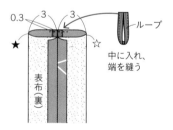

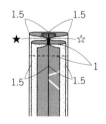

⑦裏布を⑤と同様に折りたたみ、
端を縫う

⑧裏布を表布の中に押し込んで
形を整える

鍋つかみ
E…ミトンタイプ

材料

表布（綿麻プリント／黒地に白の模様）……40×30cm
裏布（麻無地／赤）……40×30cm
接着芯（薄手ドミット芯）……40×30cm

できあがりサイズ

幅16×長さ24cm

製図 ・単位はcm

鍋つかみ
表布・裏布　左右対称にそれぞれ各2枚

25

裏布のみ
返し口

13.5

ループ　裏布1枚
2
10

裁ち方 ・（　）内は縫い代　・ループ以外はP.138〜139の実物大型紙を使用

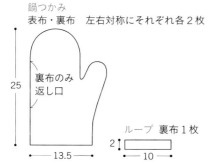
表布
30
(1)
40
◻️＝ドミット芯を貼る

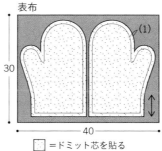

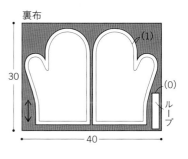
裏布
30
(1)
(0)
ループ
40

10

①P.138を参照して、
　ループを作る

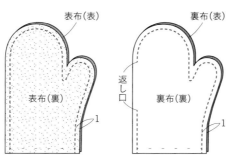
表布（表）
表布（裏）
1
裏布（表）
返し口
裏布（裏）
1

②表布どうし・裏布どうしをそれぞれ中表に合わせて
　周りを縫う（裏布は返し口を残す）

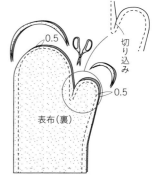
0.5
切り込み
表布（裏）
0.5

③指の間に切り込みを入れ、カーブ部分の
　縫い代を少し切り落とす

表布（表）
ループ
0.5

④表布を表に返し、ループを表布の
　縫い代に仮どめする

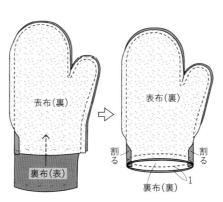
表布（裏）
裏布（表）
表布（裏）
割る
割る
裏布（裏）
1

⑤表布に裏布を中表に重ね入れ、手首周りを
　ぐるりと一周縫う

表布（表）

⑥返し口から表に返し、返し口を
　コの字とじ（→P.75）でとじる

暮らしの小物

鍋つかみ5種

137

実物大型紙

鍋つかみE

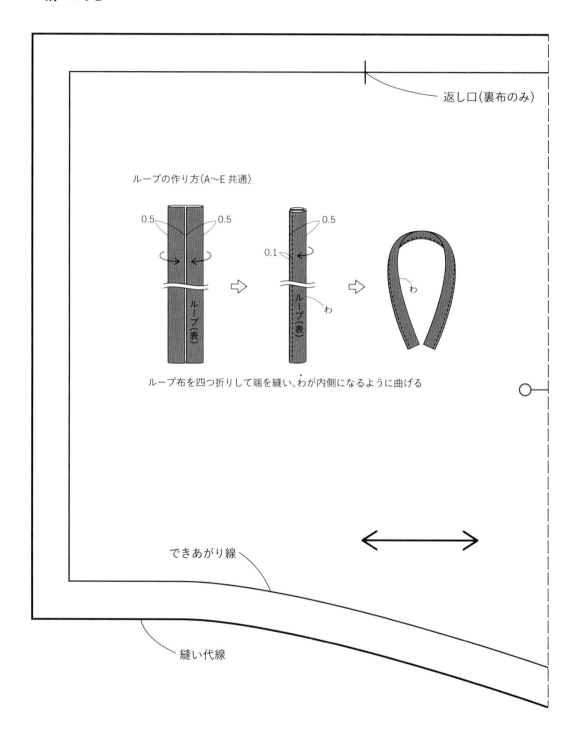

返し口(裏布のみ)

ループの作り方(A〜E 共通)

0.5　0.5

ループ(表)

0.1

ループ(表)

わ

わ

ループ布を四つ折りして端を縫い、わが内側になるように曲げる

できあがり線

縫い代線

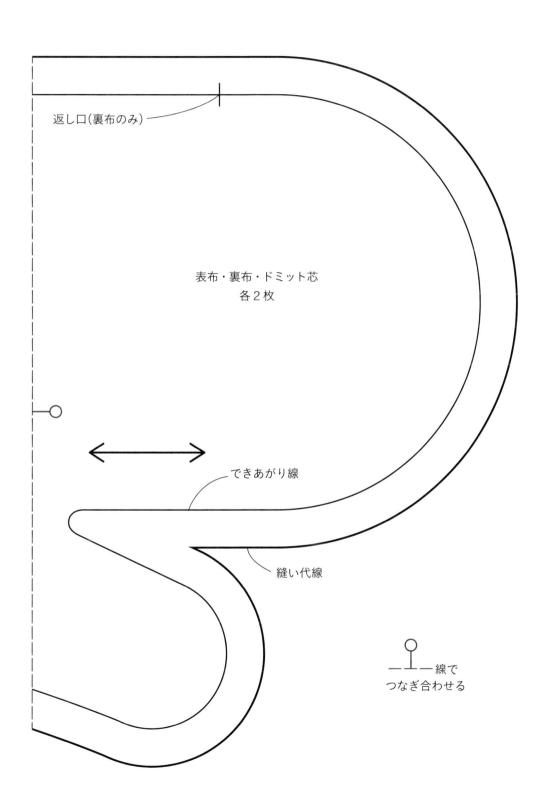

返し口（裏布のみ）

表布・裏布・ドミット芯
各2枚

できあがり線

縫い代線

線で
つなぎ合わせる

カフェエプロン

Point

丈夫で、吸湿性や放湿性に優れたリネンは
エプロンにぴったりな素材。
そして、ギンガムチェックは、
まっすぐ裁断したり、アイロンで折ったり
端ミシンをかけたりする作業を助けてくれる柄。
長い紐を縫うのもミシンのよい練習になります。

カフェエプロン

材料
表布(リネン／グレー×白のギンガムチェック)……110×90cm

できあがりサイズ
幅80×長さ40cm (紐は含まず)

製図　・単位はcm

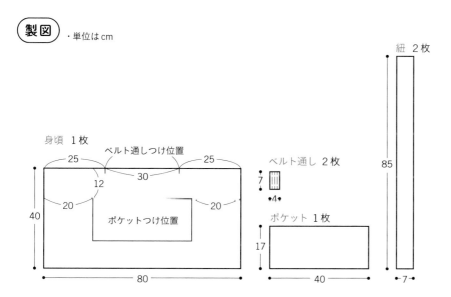

身頃　1枚
ベルト通しつけ位置
25　30　25
12
20　ポケットつけ位置　20
40
80

ベルト通し　2枚
7
4

ポケット　1枚
17
40

紐　2枚
85
7

裁ち方　・( )内は縫い代

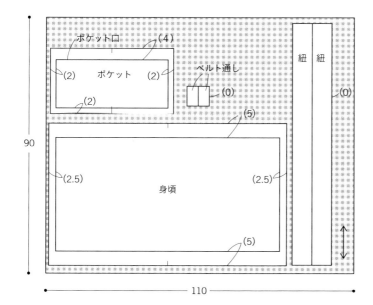

ポケット口　(4)
(2)　ポケット　(2)
ベルト通し
(2)　(0)
(5)
(2.5)　身頃　(2.5)
(0)
(5)
90
110

紐　紐

身頃・ポケットの4辺は、
完全三つ折り(→P.55)の折り目をつけておく

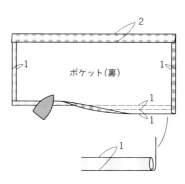

2
1　ポケット(裏)　1
1
1
1

1 | 紐とベルト通しを作る

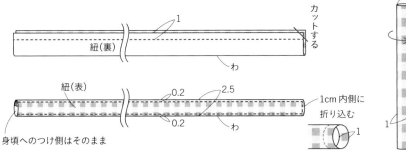
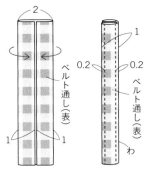

①紐は中表に二つ折りして縫い、片方の縫い代の角をカットし、表に返して3辺を縫う。もう1本は右をつけ側にして縫う

②ベルト通し布は四つ折りして両脇を縫う

2 | ポケットを作る

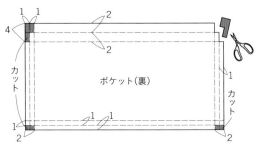
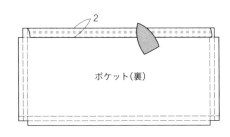

①縫い代の、重なって厚みの出る部分をカットする

②ポケット口を1回折る

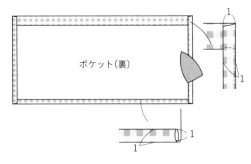
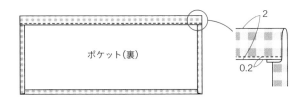

③底→両脇の順に三つ折りする

④ポケット口をもう1回折って縫う

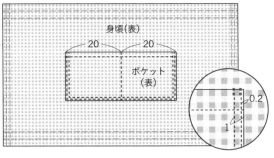

縫い始めと縫い終わりは、ポケット口と身頃に糸が渡るように返し縫いする

⑤身頃にポケットを重ねて3辺を縫い、仕切りを縫う

3│身頃を縫って紐をつける

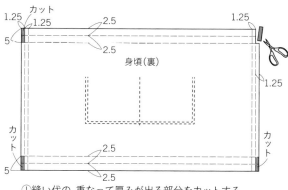

①縫い代の、重なって厚みが出る部分をカットする

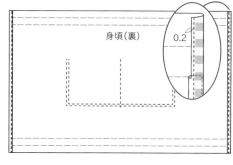

②両脇を三つ折りして縫う

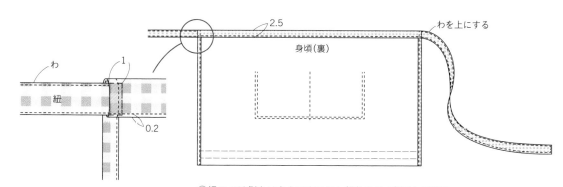

③紐のつけ側をはさんでウエスト部分を三つ折りして縫う

4│ベルト通しをつけて裾を縫う

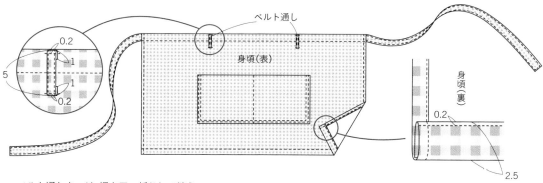

ベルト通しをつけ、裾を三つ折りして縫う

ワークエプロン

Point

胸当てを途中で接ぐことなく
1枚布で作ったエプロンです。
肩紐をループに通して結ぶ
ホルターネックスタイルですが、
腰紐を結んで押さえるので
肩が凝る心配はありません。
脇のカーブの三つ折りなど、
アイロンでしっかり
下準備してから
ミシンに向かいましょう。

ワークエプロン

材料
表布（リネン／パープル×白のギンガムチェック）……110×150cm

できあがりサイズ
幅90×長さ84cm（紐は含まず）

製図 ・単位は cm

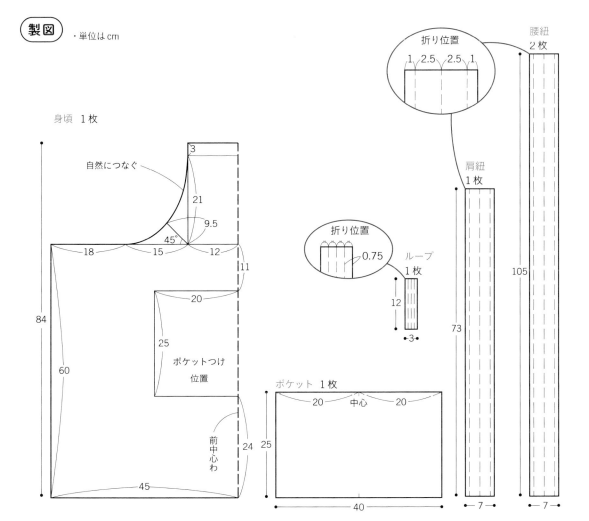

折り位置
1　2.5　2.5　1

腰紐
2枚

身頃　1枚

3

自然につなぐ

21

9.5

45°

18　　15　　12

11

20

25

ポケットつけ
位置

84

60

前中心わ

24

45

折り位置

0.75

ループ
1枚

12

3

肩紐
1枚

105

73

7

7

ポケット　1枚

20　中心　20

25

40

裁ち方 ・( )内は縫い代

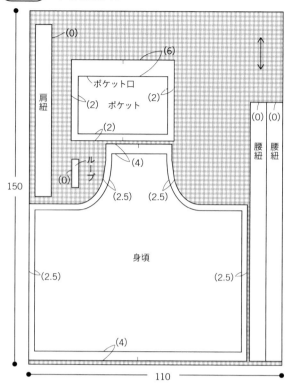

1 | 紐とループを縫う

＊カフェエプロンの 1 の紐(→P.142)と
同じ要領で肩紐と腰紐を縫う。
ループはベルト通しと同じ要領で縫う

・肩紐、腰紐

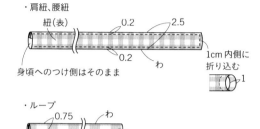

身頃へのつけ側はそのまま

1cm内側に
折り込む

・ループ

2 | ポケット口を縫う

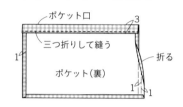

縫い代を三つ折りして折り目をつけてから開く。
カフェエプロンの 2 (→P.142)を参照して余分な
縫い代をカットし、再び折ってポケット口を縫う

3 | ポケットと脇を縫う

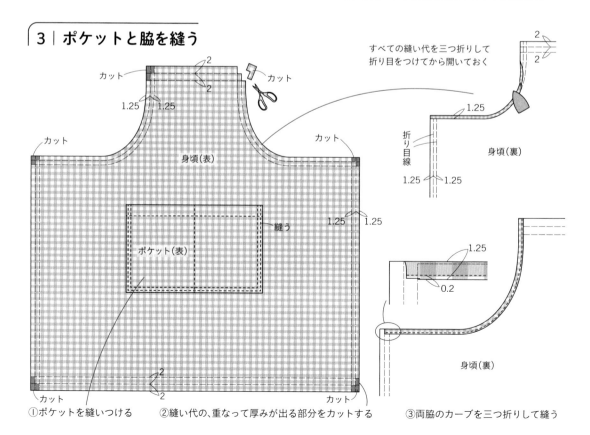

①ポケットを縫いつける　②縫い代の、重なって厚みが出る部分をカットする　③両脇のカーブを三つ折りして縫う

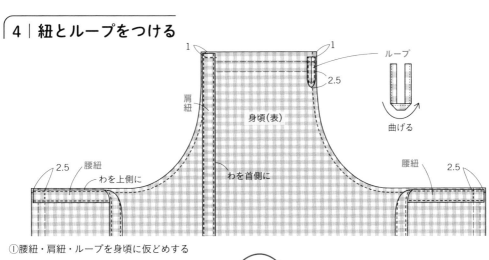

①腰紐・肩紐・ループを身頃に仮どめする

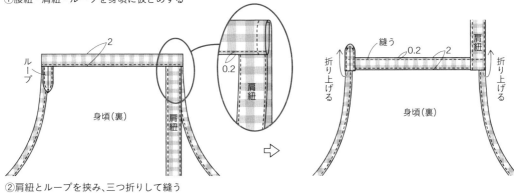

②肩紐とループを挟み、三つ折りして縫う

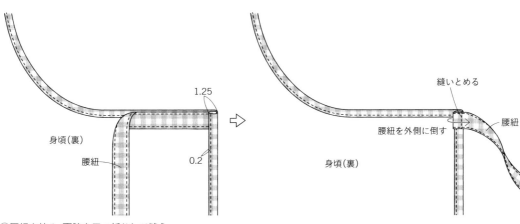

③腰紐を挟み、両脇を三つ折りして縫う

5 | 裾を縫う

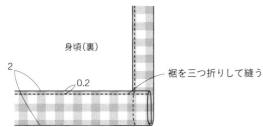

暮らしの小物　ワークエプロン

ヘアバンド

Point

布3枚で作る幅広タイプのヘアバンド。
後頭部にくる部分に平ゴムを通して
頭にフィットさせています。
薄地の綿ローンなどを使用すると
ふんわりした仕上がりに。
余り布の活用方法としてもおすすめです。

ヘアバンド

材料
表布（薄手の綿ローンなど／パープル×白）……A、B：50×25cmを各1枚、C：35×10cmを1枚
平ゴム……2.5cm幅×15cm

できあがりサイズ
頭囲約58cm

製図と裁ち方
・単位は cm
・縫い代はすべて 1cm

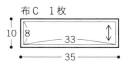

布A・B　各1枚
25　23　48　50

布C　1枚
10　8　33　35

1｜各パーツを筒状に縫う

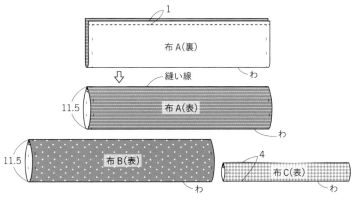

1
布A（裏）　わ
縫い線
11.5　布A（表）　わ
11.5　布B（表）　わ
4　布C（表）　わ

布A〜Cはそれぞれ長辺を中表に合わせて
二つ折りし、筒状に縫って表に返す

2｜パーツを縫い合わせる

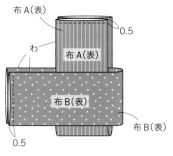

布A（表）
0.5
わ
布A（表）
布B（表）
布B（表）
0.5

①布A、Bは長辺の中心で二つ折りした2枚を
クロスさせ、それぞれ短辺を縫う

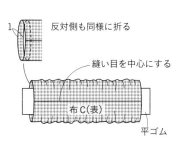

1
反対側も同様に折る
縫い目を中心にする
布C（表）
平ゴム

②布Cの短辺側の両側の縫い代を
内側に折り、中に平ゴムを通す

2　中心　2
1　1
2　2

③布Bの短辺を上図のようにたたむ

布C（表）
布Cはよけておく
0.3　ゴム
1
布B（表）

④③にゴムの端を差し込み、くるんで縫う。
両側とも縫って輪にする

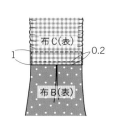

布C（表）
1　0.2
布B（表）

⑤布Cをゴムの繋ぎ目にかぶせて縫う
布Aと布Cも同様に縫う

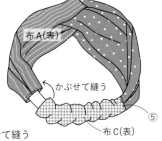

布A（表）
かぶせて縫う
⑤
布C（表）

ピンクッション5種

作り方 → P.152

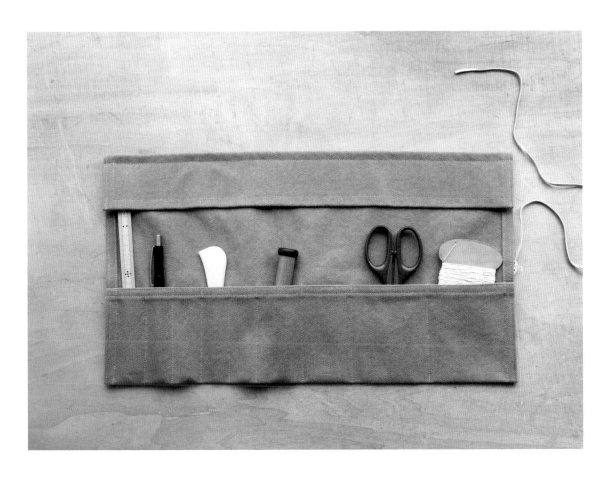

ツールケース

作り方 ➡ P.154

Ponit

くるくる巻いて革紐でくくり、ボタンに巻いて留める
ロールタイプのツールケース。
中に入れるものの形や量にかかわらず、フレキシブルに使えるのが魅力です。
サイズやポケットの仕切りを変えれば、
カトラリーケースなどにもアレンジ可能。
三つ折りして重なる部分の厚みを減らすため、縫い代の余分はカットして。

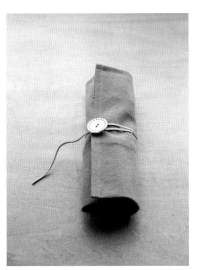

ピンクッション
5種

材料
共通
中わた（羊毛100%の原毛、または毛100%の毛糸や絹100%の糸など）……適宜

できあがりサイズ
図参照

製図と裁ち方
・単位はcm
・（　）内は縫い代

A

表布 1枚

一辺10cmの正三角形を2つ並べて描く。
底辺の平行線を、2つの三角形の頂点を通るように引き、
底辺両側の頂点から垂線をのばして結ぶ

約10.66

60°
中心
5　5
（1）
10　10　約8.66
60°　60°　60°
10　10
22

B・D

表布 2枚

10
8
（1）
8
10

C

表布 4枚

5
4
（0.5）
4
5

革 1枚

9
8
（0.5）
8
9

E

表布 2枚

10
直径8
正円
（1）
10

A｜テトラ形タイプ

材料
表布（綿ストライプ／白地に赤）……22×11cm

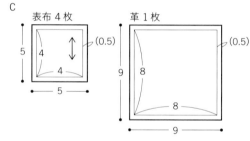

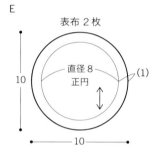

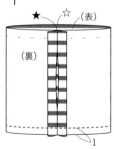

①中表に二つ折りし、できあがり
線の中央付近に返し口を残し
て図のように縫う

②縫い代を割って中心★と☆を
合わせてたたみ、下の辺を縫う

③②の★と☆を左右に引いて
たたみ直し、上の辺を縫い
合わせる

④表に返してわたをつめ、
返し口をコの字とじ
（→P.75）でとじる

ピンクッションの中身には針が錆びにくいわたを

中わたには油脂分を含んだ動物性のものがおすすめ。針の滑りをよくし、
錆びにくくします。羊毛（ウール100%の原毛）や、毛100%の毛糸、絹
100%の糸などがおすすめです。

羊毛わた（ウール100%）

B | 刺繍タイプ

材料
表布（綿プリント）……20×10cm、25番刺繍糸（赤）……適宜

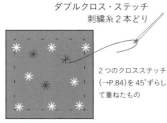

ダブルクロス・ステッチ
刺繍糸2本どり

2つのクロスステッチ
（→P.84）を45°ずらし
て重ねたもの

①表布2枚は柄に合わせて
余白に刺繍をする

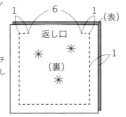

②2枚を中表に合わせ、
返し口を残して縫う

③表に返してわたをつめ、
返し口をとじる

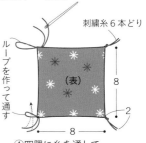

刺繍糸6本どり
ループを作って通す

④四隅に糸を通して
フリンジを作る

C | パッチワークタイプ

材料
表布（麻／4柄）……各5×5cm、薄手の革（厚さ約0.6mm）……10×10cm

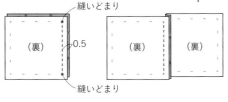

縫いどまり
縫いどまり

①表布2枚を中表に合わせて縫い（両端は縫いどまる）、
縫い代を片側に倒す（同じものをもう1組作る）

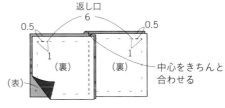

返し口
中心をきちんと
合わせる

②縫い代の倒し方が交互になるよう中表に合わせ、
返し口を残して図のように縫う

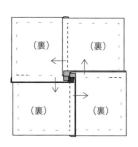

③縫い代の中央を図のように倒す
（→P.169）

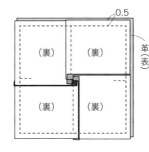

革（表）

④革を中表に合わせて周囲を縫う

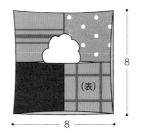

⑤返し口から表に返してわたをつめ、
返し口をとじる

D | レース生地タイプ

材料
表布（綿レース生地／茶）
……20×10cm

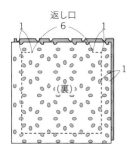

返し口

①表布2枚を中表に合わせ、
返し口を残して縫う

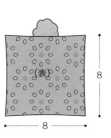

②表に返してわた（ここでは
グレーの羊毛フェルト）を
つめ、返し口をとじる

E | 円形タイプ

材料
表布（綿プリント）
……20×10cm

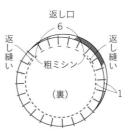

返し口
返し縫い
返し縫い
粗ミシン

①2枚を中表に合わせ、周囲をぐる
りと縫い、返し口には粗ミシンを
かける（→P.59）。カーブの縫い代
に切り込みを入れる

②縫い代を割り、返し口
の粗ミシンをほどく。
表に返してわたをつめ、
返し口をとじる

暮らしの小物

ピンクッション5種

ツールケース

材料
表布（8号帆布／薄茶）……50×50cm
木製ボタン（直径3cm）……1個
革紐……3mm幅×60cm

できあがりサイズ
横44×縦24cm（開いた状態）

製図 ・単位はcm

▨ 縫い代をカットする部分
---- 折り線

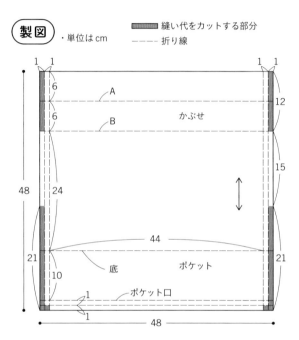

図内の数値・ラベル：1 6 6 48 24 21 10 1 1 A B かふせ 12 15 44 21 1 1 底 ポケット ポケット口 48

1 │ 余分な縫い代をカットする

図内の折り線をすべて裏側に山折りする

（裏側）

カットする

底

ポケット口

アイロンで折り目をつけてから再度開き、
余分な縫い代をカットする

2 │ ポケットを作る

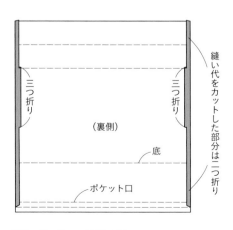

三つ折り

三つ折り

縫い代をカットした部分は二つ折り

（裏側）

底

ポケット口

①折り目に沿って両脇を折る

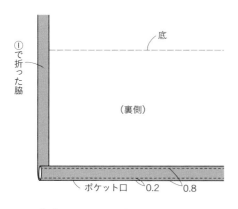

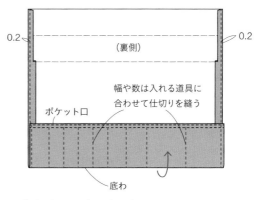

②ポケット口を三つ折りにして縫う

③底を折り上げ、両脇とポケットの仕切りを縫う
（作品の仕切りの幅は、3cm、5cm、8cm）

3 | かぶせを作る

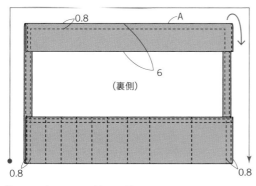

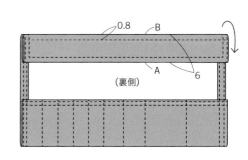

①かぶせをAで二つ折りし、脇から
　かぶせにかけて、コの字に縫う

②かぶせをさらにBで折って縫う

4 | ボタンをつける

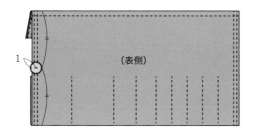

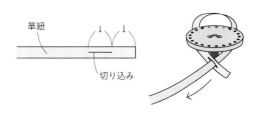

①外側の左端中央にボタンをつける

②革紐に切り込みを入れ、紐の先端を通してループを作り、
　ボタンの根元にかぶせて締める

裁ちばさみケース
糸切りばさみケース

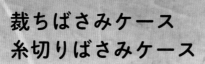

作り方 ➡裁ちばさみケース…P.157
　　　　糸切りばさみケース…P.158

Point

はさみを包む部分は目の詰んだ丈夫な布で作ります。
縁どりに使ったのは手作りのバイアステープ。
ドット柄をバイアスに裁つと
きれいにドットが並んだテープになります。
裁ちばさみケースには
革テープとバネホックをつけて、飛び出し防止に。

裁ちばさみケース

実物大型紙 P.159

材料
表布（綿厚織79号／焦茶）……20×25cm
裏布（綿プリント／黒地に茶のドット柄）
　　……45×45cm（バイアステープ分を含む）
革テープ……1.5cm幅×4.5cm
直径1cmのバネホック……1組

できあがりサイズ
幅9.5×長さ23cm

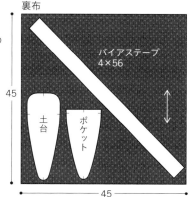

（裁ち方）

・単位はcm
・すべて断ち切り
・土台とポケットはP.159の
　実物大型紙を使用

裏布

バイアステープ
4×56

45

45

表布

土台

ポケット

25

20

土台

ポケット

1 土台にポケットをつける

①ポケット表布と裏布を中表に合わせ
ポケット口を縫って表に返す

ポケット裏布（裏）
ポケット表布（表）
1

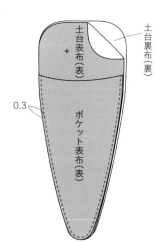

土台表布（表）
土台裏布（裏）
ポケット表布（表）
0.3

②土台表布と裏布を外表に合わせた上に
①を重ね、ミシンで縫って仮どめする

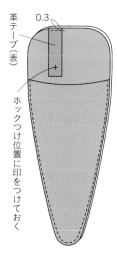

革テープ（表）
0.3
ホックつけ位置に印をつけておく

③革テープをミシンで
縫って仮どめする

2 バイアステープでくるむ

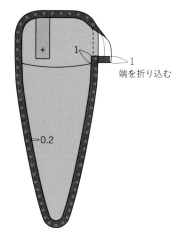

1
1
端を折り込む
→0.2

バイアステープで周囲をくるんで縫う
（→P.62～63）

3 バネホックをつける

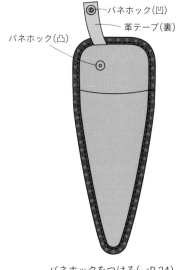

バネホック（凹）
革テープ（裏）
バネホック（凸）

バネホックをつける（→P.24）

暮らしの小物

裁ちばさみケース／糸切りばさみケース

糸切りばさみケース
実物大型紙 P.162

材料
表布（綿厚織79号／焦茶）……10×10cm
裏布（綿プリント／黒地に茶のドット柄）……20×20cm（バイアステープ分を含む）

できあがりサイズ
幅4×長さ7cm

裁ち方
・単位はcm
・すべて断ち切り
・P.162の実物大型紙を使用

表布
10
10

裏布
20
20
バイアステープ
4×21

1 | ケースを縫い合わせる

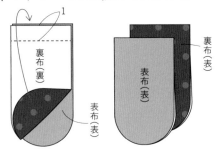
裏布（裏）
表布（表）
裏布（表）

①表布と裏布を中表に合わせ、入れ口側を縫って表に返す（これを2組作る）

0.3
表布（表）

②①の裏布側どうしを合わせて外表に重ね、ミシンで縫って仮どめする

2 | バイアステープでくるむ

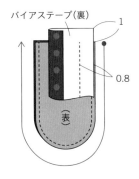
バイアステープ（裏）
1
0.8
（表）

①バイアステープを中表に合わせてU字形に縫う（→P.62）始めと終わりは、袋口から1cm出しておく

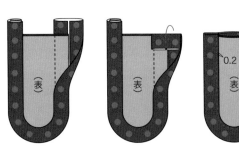
（表）（表）（表）
0.2

②バイアステープの両端を折り込み、くるんで縫う

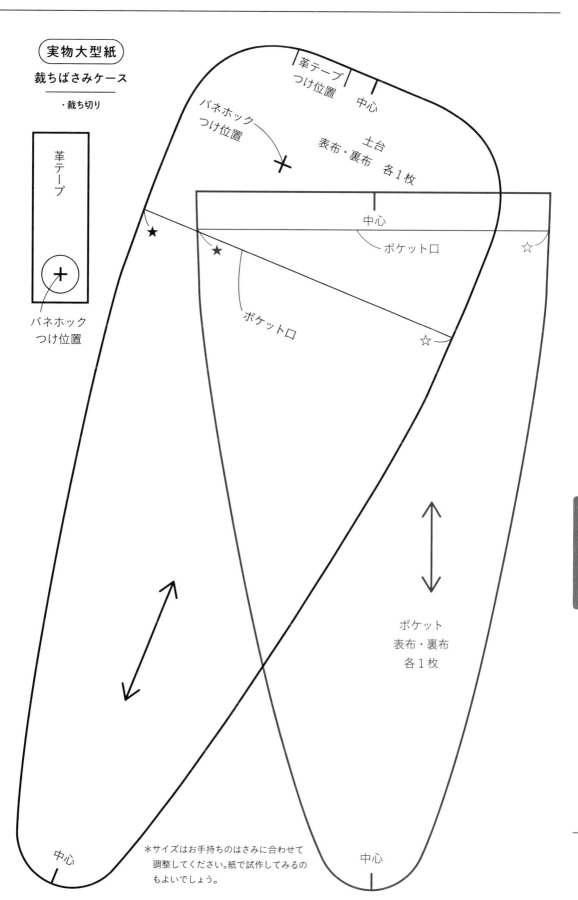

実物大型紙
裁ちばさみケース
・裁ち切り

革テープ

バネホック
つけ位置

革テープ
つけ位置

中心

バネホック
つけ位置

土台
表布・裏布　各1枚

中心

ポケット口

★

★

☆

ポケット口

☆

ポケット
表布・裏布
各1枚

中心

中心

＊サイズはお手持ちのはさみに合わせて
調整してください。紙で試作してみるの
もよいでしょう。

収納ボックス＆糸巻き

作り方 ➡収納ボックス…P.161
糸巻き（実物大型紙）…P.162

Point

4つの角を縫い合わせるだけでできる。布製の収納ボックス。
きれいなスクエア形を作るには、あらかじめしっかり
折り目をつけておくことと、縫い代をすっきり処理することが大事です。
引き出しやすい革テープのつまみつきで、おさいほう箱としても使えます。
糸巻きも革や厚紙で手作りすれば、糸の数が増えても大丈夫。

収納ボックス

材料 ＊材料は1個分

大

表布 (綿厚織79号／グレー・ブラウン)……各40×45cm
革テープ……1cm幅×7cm

できあがりサイズ

幅12×奥行18×高さ6cm

小

表布 (綿厚織79号／グレー・ブラウン)……各40×40cm
革テープ……1cm幅×7cm

できあがりサイズ

幅9×奥行12×高さ6cm

製図と裁ち方
・単位は cm
・縫い代はすべて 1cm

大

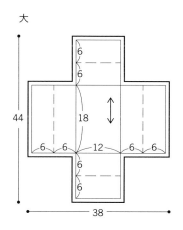

小

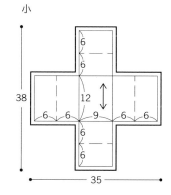

大・小とも作り方は共通

1 | 折り目をつけて縫う

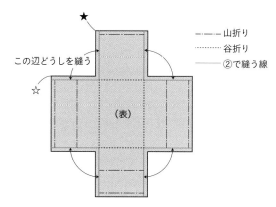

この辺どうしを縫う

---・--- 山折り
・・・・・・・・ 谷折り
――― ②で縫う線

(表)

①折り線に、へらなどを使って折り目をつける

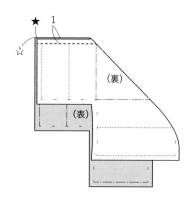

(裏)

(表)

②①の★と☆の角を中表に合わせて縫う。
同様に4辺を縫う

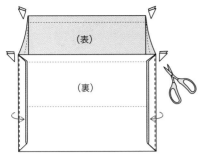

③縫い代の角をカットし、縫い代を長辺側に倒す

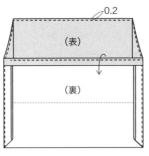

④端を折って縫う

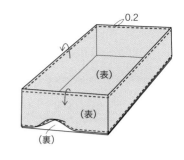

⑤箱の形に整え、口をぐるりと一周縫う

2 | 革テープをつける

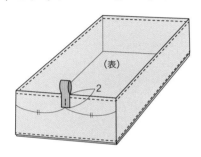

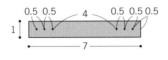

0.5 0.5 ← 4 → 0.5 0.5 0.5
1
← 7 →

革テープに穴をあけ
二つ折りして縫いつける

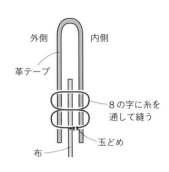

外側　内側
革テープ
8の字に糸を通して縫う
玉どめ
布

①革テープをつける

糸巻き

Photo >> P.160

材料
革または厚紙……8×10cm

できあがりサイズ
横7×縦9cm

実物大型紙
・裁ち切り

切り込み

革または厚紙1枚
（厚さは約3mmが目安）

型紙を写してカットし、
糸端を止める切り込みを入れる

糸切りばさみケース

Photo >> P.156
作り方 >> P.158

実物大型紙
・裁ち切り

ケースの入れ口

表布・裏布
各2枚

おうち小物｜インテリアアイテム

クッション3種

Point

開閉の方法が違うクッションカバー3種。
Aはファスナーつき、Bは袋口を重ねるタイプ、Cは紐つき。
どの手法も枕カバーや布団カバーなどの
カバーリングにもアレンジできます。
ドット柄は脇の柄合わせにも注意しましょう。

クッション3種

できあがりサイズ
共通
43×43cm

製図と裁ち方

・単位はcm　・( )内は縫い代

A　ファスナータイプ
表布 2枚

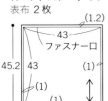

B　かぶせるタイプ　表布1枚

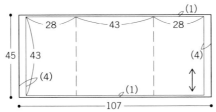

C　紐タイプ　表布1枚

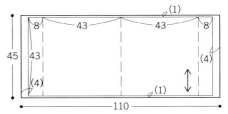

※縫い代1cmと1.2cmの裁ち目には、ロックミシンまたはジグザグミシンをかける

A｜ファスナータイプ

材料
表布(綿麻プリント／マスタードに白のドット柄)……110×50cm
40cmの3号ファスナー……1本

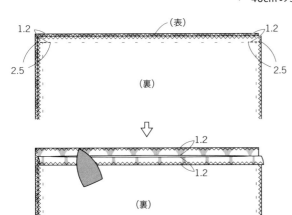

①2枚を中表に合わせて、ファスナー口の両端を縫い、
縫い代を割ってできあがり線に折り目をつける

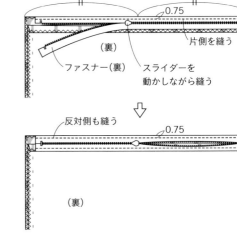

②ファスナー口の縫い代とファスナーを中表に合わせ、
中心を揃えて縫う(→P.68)

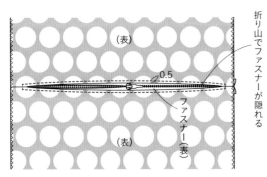

③表に返して、ファスナー口を再度できあがり線で
しっかり折り、ファスナーのまわりに、口の字に
ステッチをかける

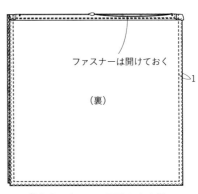

④中表に合わせて両脇と底を縫い、
ファスナー口から表に返す

B | 重ねるタイプ

材料
表布（綿麻プリント／焦茶に白のドット柄）……110×50cm

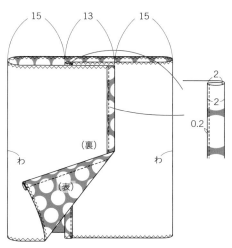

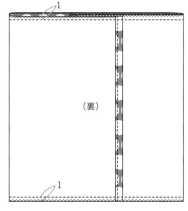

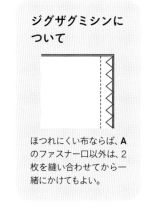

ジグザグミシンについて

ほつれにくい布ならば、**A**のファスナー口以外は、2枚を縫い合わせてから一緒にかけてもよい。

①短辺の両端を三つ折りして縫い、上図のように中表に重ねてたたむ

②上下を縫って表に返す

C | 紐結びタイプ

材料
表布（綿麻プリント／グレーに白のドット柄）……110×50cm
綿綾テープ……1cm幅×60cm

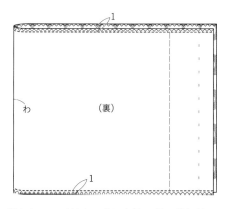

①中表に二つ折りして上下を縫い、縫い代を割る

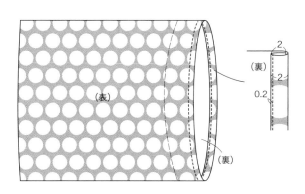

②表に返し、袋口を三つ折りして縫う

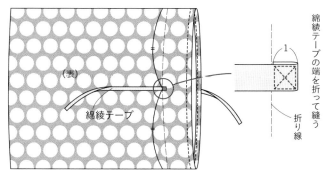

③綿綾テープを二等分に切り分け、折り線にそれぞれ縫いつける

綿綾テープの端を折って縫う

折り線

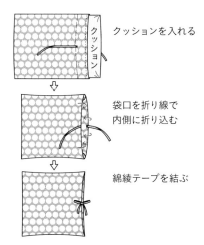

クッションを入れる

袋口を折り線で内側に折り込む

綿綾テープを結ぶ

暮らしの小物

クッション3種

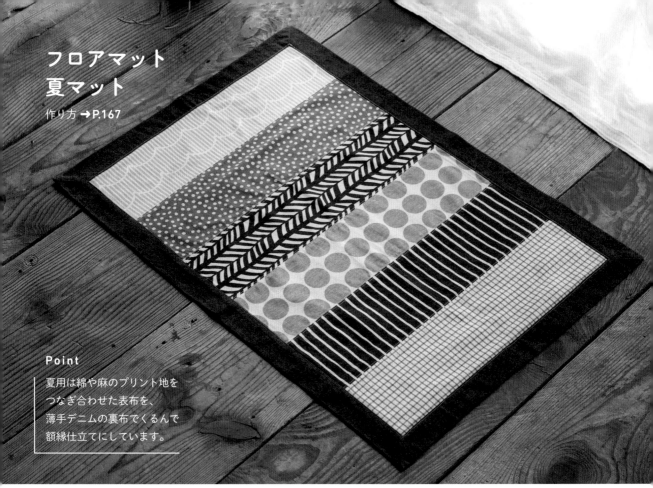

フロアマット
夏マット

作り方 ➡ P.167

Point

夏用は綿や麻のプリント地を
つなぎ合わせた表布を、
薄手デニムの裏布でくるんで
額縁仕立てにしています。

フロアマット
冬マット

作り方 ➡ P.168

Point

冬用はウールのはぎれを縫い合わせてから
裏にドミット芯を貼って厚みをプラスしています。
シンプルなパッチワークもミシンなら簡単です。

フロアマット
夏マット

材料
表布（綿、麻など各種／青×白の柄を6種類）……各15×55cmを1枚ずつ
裏布（デニム／紺）……95×70cm
接着芯（薄手不織布タイプ）……85×50cm

できあがりサイズ
横80×縦56cm

製図と裁ち方
・単位は cm
・（ ）内は縫い代
------ 額縁の内側の線 ☆
—— できあがり線（額縁の外側）★

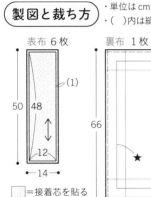

表布 6枚
50 48 12
14
＝接着芯を貼る
（1）

裏布 1枚
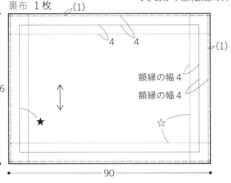
（1）
4 4
（1）
額縁の幅 4
額縁の幅 4
66
90
★ ☆

1｜表布を縫い合わせる

表布（裏）
表布（表）

①表布2枚を中表に
　合わせて1辺を縫う

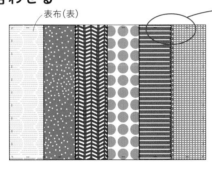

表布（表）

②同様の縫い方で表布6枚を接ぎ、
　縫い代を割って縫い目の両側を縫う

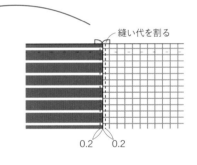

縫い代を割る
0.2　0.2

2｜裏布と縫い合わせる

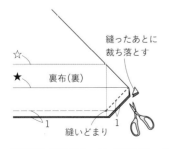

☆
★　裏布（裏）
縫ったあとに
裁ち落とす
1　縫いどまり　1

①裏布に折り目をつけ、4辺を縫って
　額縁縫い（→P.57）にする

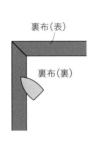

裏布（表）
裏布（裏）

②アイロンで整える

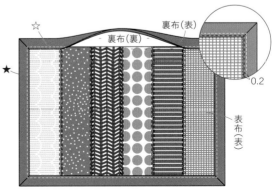

☆
★
裏布（裏）
裏布（表）
0.2
表布（表）

③裏布の中に縫い合わせた表布をはめ込み、
　ぐるりと一周縫う

フロアマット
冬マット

材料
表布（ウール各種）
……15×15cmを24枚
（作品は8種類を各3枚）
裏布（デニム／ベージュ）
……75×55cm
ドミット芯……75×50cm

できあがりサイズ
横72×縦48cm

製図と裁ち方
・単位はcm
・縫い代はすべて1cm

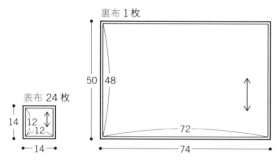

裏布1枚

50｜48

72

74

表布24枚

14

12
12

14

1 ｜ 表布を縫い合わせる

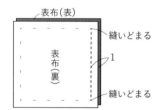

表布（表）
縫いどまる
1
表布（裏）
縫いどまる

①表布2枚を中表に合わせ、
1辺の印から印までを縫う。
縫い始めと縫い終わりは
必ず返し縫いをする

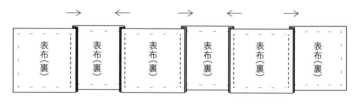

表布（裏）

②同様に横の列6枚を縫い合わせ、縫い代を交互に倒す
（同じものを2枚、逆に倒したものを2枚作る）

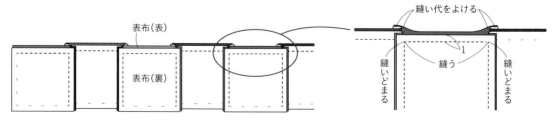

表布（表）

表布（裏）

縫い代をよける
縫い代をよける
1
縫う
縫いどまる
縫いどまる

③表布6枚と6枚の縫い代を交互に合わせ、角の縫い代を縫わないよう1辺ずつ縫う

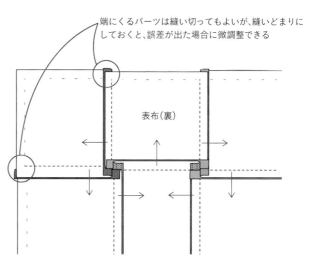

端にくるパーツは縫い切ってもよいが、縫いどまりにしておくと、誤差が出た場合に微調整できる

表布(裏)

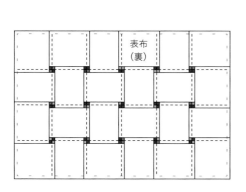

表布(裏)

④同様にして、4列を接ぎ合わせる

⑤表布4枚の交点は縫い代を上図のように交互に倒して(風車倒し)アイロンで整える

2 | ドミット芯を貼って縫い合わせる

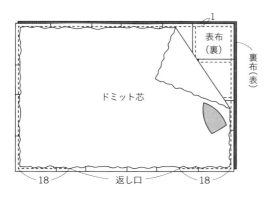

1
表布(裏)
裏布(表)
ドミット芯
18　返し口　18

①表布の裏側全体にドミット芯を貼り(外周の縫い代には貼らない)、裏布と中表に合わせ、返し口を残して縫う

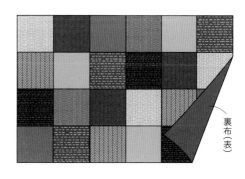

裏布(表)

②表に返して返し口をコの字とじ(→P.75)でとじる

「縫い切る」と「縫いどまる」

2枚の布を縫い合わせるとき、端から端まで縫うことを「縫い切る」、印から印まで縫うことを「縫いどまる」といいます。表布を縫い合わせるとき、夏マット(P.167)は縫い切っていますが、冬マットは縫いどまることで4枚の正方形の交点をきれいに仕上げています。縫い始めと縫い終わりは返し縫いを。これはパッチワークの基本です。

縫い切る　　　　縫いどまる

縫い代は「風車倒し」に

表布のピースを縦に接いだ夏マット(P.167)は縫い代を割っていますが、冬マットは片倒し(P.54)の連続で、4枚の正方形の交点の縫い代を時計回りに、隣は反時計回りに、というように風車状に倒しています。これを「風車倒し」といい、縫うときに、きちんと印で縫いどまっておくことが大切です。

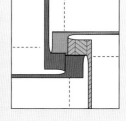

暮らしの小物

フロアマット2種

169

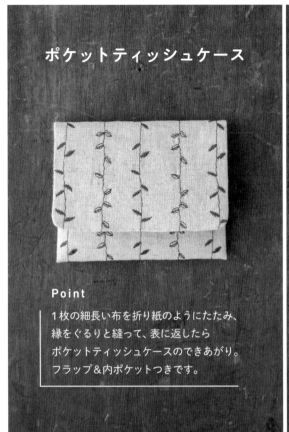

ポケットティッシュケース

Point

1枚の細長い布を折り紙のようにたたみ、
縁をぐるりと縫って、表に返したら
ポケットティッシュケースのできあがり。
フラップ＆内ポケットつきです。

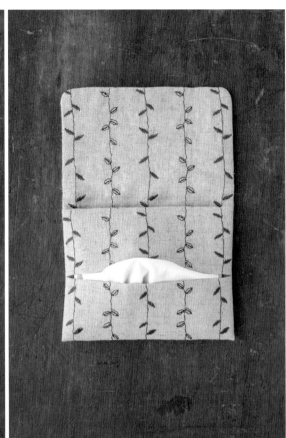

ポケットティッシュケース

材料
表布（刺繍入りリネン／ベージュ）……15×75cm
接着芯（薄手不織布タイプ）……15×30cm

できあがりサイズ
横12×縦9cm（閉じたとき）

製図と裁ち方
・単位はcm
・( )内は縫い代

－・－・－ 山折り
………… 谷折り

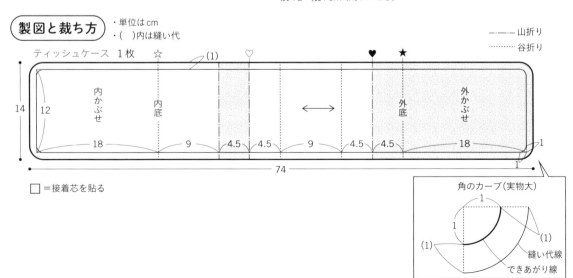

ティッシュケース　1枚　☆　(1)　♡　♥　★

内かぶせ　内底　外底　外かぶせ

14　12

18　9　4.5　4.5　9　4.5　4.5　18　1

74

□＝接着芯を貼る

角のカーブ（実物大）
1
1
(1)
(1)
縫い代線
できあがり線

1 | ポケットを折る

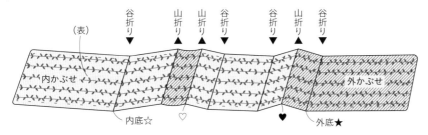

山折り　谷折り　山折り　山折り　谷折り　谷折り　山折り　谷折り

（表）

内かぶせ　外かぶせ

内底☆　♡　❤　外底★

①山折り線、谷折り線でたたみ、アイロンで折り線をつけ、 の裏に接着芯を貼る

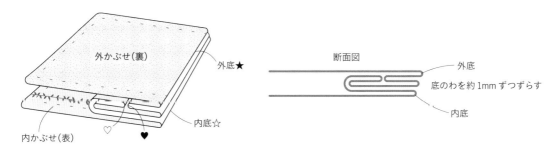

外かぶせ（裏）　外底★

内かぶせ（表）　♡　❤　内底☆

断面図　外底　底のわを約1mmずつずらす　内底

②中表に折りたたむ（重なる部分は厚みでずれてくるが、外側と内側の差を考えて整える）

2 | 周囲を縫う

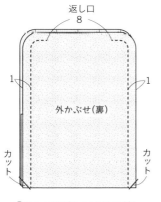

返し口　8

外かぶせ（裏）

1　1

カット　カット

①返し口を残して3辺を縫い、
底の縫い代を2か所カットする

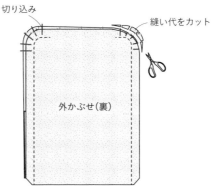

切り込み　縫い代をカット

外かぶせ（裏）

②カーブ部分の縫い代に切り込みを
入れ、縫い代の幅を半分くらいに
カットする

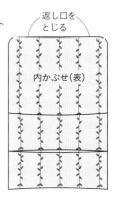

返し口を
とじる

内かぶせ（表）

③表に返してアイロンで形を整え
返し口をコの字とじ（→P.75）で
とじる

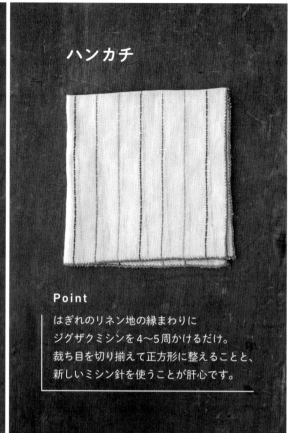

ハンカチ

Point

はぎれのリネン地の縁まわりに
ジグザグミシンを4〜5周かけるだけ。
裁ち目を切り揃えて正方形に整えることと、
新しいミシン針を使うことが肝心です。

ハンカチ	材料	できあがりサイズ
	表布（リネン／白地にストライプ）……30×30cm	横30×縦30cm

製図と裁ち方 ・単位は cm

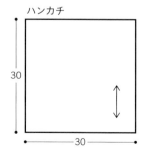

ハンカチ

30

30

ハンカチを縫う

縫い目は少し粗めにし、何周か縫い重ねてちょうど
よい密度するのがきれいに仕上げるコツ。

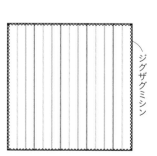

ジグザグミシン

①裁ち目を切り揃えて正方形に整え、
4辺にジグザグミシンをかける

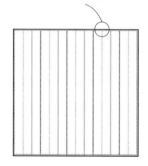

②4〜5周重ねて同じピッチで
ジグザグミシンをかける

おさいほうに役立つ用語 Index

あ行

合印 ·················· 2枚の布を縫い合わせるとき、ずれないように双方につけておく印

アイロン定規 ······· 一定の幅で折るときに使う、耐熱の定規 →P.10

あきどまり ··········· あき部分の終わりの位置。ほつれないように必ず返し縫いをする

あたり ·················· 表側に縫い代の線がひびくこと。「あたりが出る」などという

当て布 ················ アイロンをかけるとき、直接布にあたらないように覆う布のこと →P.13

綾織り ················ 布の織り方の一種で、斜めの畝が表れる織り方 →P.15·16

粗裁ち ················ 裁断するパーツの周りに余分をつけて布を裁つこと →P.40

粗ミシン ·············· 粗い縫い目でミシンをかけること。
　　　　　　　　　　 仮どめするとき、ギャザーを寄せるときなどに使う →P.50

1本どり ·············· 手縫いのとき、1本の糸で縫うこと →P.79

糸足 ··················· ボタンをつけるとき、ボタンと布地との間にあける布地の厚み分の距離 →P.80

糸こき ················ 手縫いのとき、縫い縮んだ布と糸をゆるめるために、指で縫い目をしごくこと →P.77

糸調子 ················ ミシンの上糸と下糸のバランスのこと →P.44

裏打ち ················ 厚みや張りの補強などのために、裏面に別布をあてたり、接着芯を貼ったりすること

上糸 ··················· ミシンの上側の糸。糸案内にそってセットし、針穴に通す →P.44

落としミシン ········· 縫い代を落ち着かせて補強するためにかけるミシンで、表に縫い目を目立たせたくないときの方法
　　　　　　　　　　 縫い合わせた部分の接ぎ目に針が落ちるように縫う →P.62

折り代 ················ 布端の、裏側に折る部分のこと

折り伏せ縫い ······· 裁ち端の始末で、縫い代の片方をカットし、もう一方でくるむ方法 →P.56

か行

返し口 ················ 中表に合わせて2枚の布を袋状に縫うとき、表に返すためにあけておく部分のこと →P.59

返し縫い ·············· 縫い目をほつれにくくするために、同じところを往復して縫うこと →P.46·47

かせ糸 ················ 糸を一定の大きさの枠に巻いて束ねたもの →P.81

片倒し ················ 裁ち端の始末で、縫い代を2枚一緒に左右どちらかに倒すこと →P.54

柄合わせ ·············· 縫い合わせたときに、布地の模様がつながるように裁断すること →P.34

仮どめ ················ 本縫いの前に、ずれないようにまち針やテープでとめたり、仮縫いをすること →P.38·39

完全三つ折り ······· 縫い代を均等な幅で2回折る三つ折りの方法 →P.55

ギャザー ·············· 布地を縫い縮めて寄せるひだのこと →P.50

キルティング ········· 2枚の布の間にドミット芯やキルト芯を挟んで縫うこと →P.66

ぐし縫い ·············· 並縫いよりも細かい針目で縫うこと →P.75

くるみボタン ········· アルミやプラスチックの型を布でくるんだボタン

毛抜き合わせ ······· 2枚の布を縫い合わせたときに、表と裏の折り山の高さがきっちり揃っている状態

コの字とじ ··········· とじ位置の折り山をコの字形に交互にすくい、糸が見えないようにとじる方法 →P.75

コンシールファスナー ············ 閉じたときに表からエレメントが見えなくなるファスナー →P.22

| 縫い代の始末 | …… | 裁ち端がほつれないようにすること | →P.54 |

縫い代の始末 …… 裁ち端がほつれないようにすること →P.54

縫い代を割る …… 2枚の布を縫い合わせたあと、縫い代を開いて平らにすること →P.54

縫い直す ………… 2枚の布を中表に合わせて縫い、表に返すこと

縫い目 …………… 縫ったときの針目のこと →P.45

布幅 ……………… 布の耳から耳までの距離。92cm幅、110cm幅、148cm幅などがある →P.14

布目 ……………… 布の織り目のこと。地の目ともいう →P.14

布目線 …………… 布目の方向を表す矢印。たて地の方向を指す。

布目方向 ………… 布の耳と平行になる方向。たて地のこと →P.14

ノッチ …………… 印つけの方法のひとつ。はさみの先で布に入れる2mmほどの切り込み →P.39

は行

バイアス ………… 布目に対して斜め45°のこと。45°を正バイアスといい、もっとも伸縮性がある →P.14

バイアステープ …… バイアスに裁って作るテープで、縫い代の始末などに使う →P.60

端ミシン ………… できあがり線の折り山から2mmくらいのところにかけるステッチ

半返し縫い ……… 0.5針分戻ったところにもう一度針を入れて縫う手縫いの方法 →P.75

平織り …………… 布の織り方の一種で、たて糸とよこ糸を交互に交差させる織り方 →P.15・16

袋縫い …………… 外表に合わせてできあがり線より外側を縫い、次に中表に合わせてできあがり線で縫って、裁ち端を縫い代の中に隠す始末の方法 →P.56

不織布 …………… 糸を織って作るのではなく、原料の繊維をさまざまな方法で結合させてシート状にしたもの →P.20

ボタンホール …… ボタンをとめるためにあける穴 →P.82

ボビン …………… ミシンの下糸を巻くための小さい糸巻き →P.43

本返し縫い ……… 1針分ずつ戻りながら縫い進める手縫いの方法 →P.75

本縫い …………… 仮縫いのあと、仕上げるために縫うこと

ま行

まつり縫い ……… 表から見たときに、縫い目が目立たないように縫う手縫いの方法 →P.75

見返し …………… バッグの場合は、袋口の内側につける別布のこと

ミシン縫い ……… ミシンで縫うこと →P.46

水通し …………… 地直しの段階で、水に通してあらかじめ布を縮ませること →P.30

三つ折り ………… 縫い代を2回折って、裁ち端を隠す方法 →P.55

耳 ………………… 布の両端のほつれない部分のこと。線が入っていたり、フリンジ状だったりすることもある →P.14

や行

指ぬき …………… 手縫いのとき、指に負担をかけずに縫うためにはめる道具 →P.86

用尺 ……………… 必要な布の量

よこ地 …………… 布のよこ糸の方向 →P.14 ↔たて地

わ行

わ(輪) …………… 二つに折った布の折り山

割り伏せ縫い …… 縫い代を割り、さらに内側に折り込んで縫い、裁ち端を隠す方法 →P.55

監修・作品デザイン・制作

越膳夕香 Yuka Koshizen

北海道旭川市出身。雑誌編集者を経て作家に。手芸
雑誌や書籍などで、バッグや布小物、ニット小物、
革小物などの作品を発表している。和服地から革、
毛糸まで、扱う素材の守備範囲は広い。フリースタ
イルの手芸教室「xixiang 手芸倶楽部」主宰。ヴォー
グ学園東京校講師。毎日の暮らしの中で使えるもの
を自分仕様で作る楽しさを伝えている。著書に『が
まぐちの型紙の本』『ファスナーポーチの型紙の本』
『バッグ作りの教科書』（すべて日本ヴォーグ社）、『猫
と暮らす 手づくり帖』『ボールとリングとサークル
のアクセサリー』（ともにエクスナレッジ）などがあ
る。
http://www.xixiang.net

STAFF

ブックデザイン …… 中村 妙
撮影 ……………… 田辺エリ
スタイリング（カバー）……… 西森 萌
イラスト ………… にへいみき
作り方イラスト …… 森田佳子
作り方校正 ……… 海老原順子（P.101-172）
編集協力 ………… 豊島由美、タカハシノア
編集 ……………… 中田早苗
編集デスク ……… 成美堂出版編集部（川上裕子）

協力

株式会社オカダヤ（新宿本店）
東京都新宿区新宿 3-23-17
TEL 03-3352-5411（大代表）
https://www.okadaya.co.jp

ベルニナ合同会社（BERNINA LLC）
TEL 045-228-9112（平日10:00-17:00）
E-mail info-bsr@bernina.co.jp
https://www.bernina.co.jp/WP/

＊本誌掲載の布地、用具、材料は2023年5月現在の
ものです。

今日からはじめる おさいほうのキホン

監 修　越膳夕香
発行者　深見公子
発行所　成美堂出版
　　　　〒162-8445　東京都新宿区新小川町1-7
　　　　電話(03)5206-8151 FAX(03)5206-8159
印 刷　共同印刷株式会社